すくすく日本語会話

신선향 · 서민정 공저

UUP

すくすく

すくすく日本語会話

2009년 3월 2일 초판 인쇄
2009년 3월 6일 초판 발행

지은이 | 신선향, 서민정 공저
발행인 | 김도연
발행처 | UUP(울산대학교출판부)

출판등록 | 제 370-1996-000001호(1996.3.13)
주소 | 680-749 울산광역시 남구 대학로 102 울산대학교 출판부
전화 | (052) 259-2488
팩스 | (052) 277-3011
편집·표지 디자인 | 지미정·김수연

값 9,000원

ISBN 978-89-7868-176-6 13730

머리말

이 교재는 일어일문학 전공자의 초급 일본어 회화 수업을 위해 만든 것이다. 일본어를 음성 언어로 습득하는 것을 목표로 하는 일본어회화는, 외국어 학습의 4대 요소인 「듣기」「말하기」「읽기」「쓰기」 가운데, 「듣기」「말하기」의 연습에 특히 중점을 두어야 한다. 따라서 초급 강독 수업을 통해 익힌 문법 사항을 바탕으로 하여 단계적인 문형에 따라 일본어를 표현할 수 있도록 내용을 구성했다.

다른 외국어와는 달리 어순(語順)이 우리말과 흡사하고 같은 한자문화권의 영향으로 일본어는 쉽다는 일반적인 선입감이 강하지만, 점점 진도가 앞으로 나아갈수록 안이한 학습 방법으로는 마스터하기 어렵다는 사실을 깨닫게 된다. 그것은 즉 일본어도 하나의 외국어임을 잊고 우리말의 사고방식으로 대하기 때문일 것이다. 외국어를 배우려 할 때, 현지에 가서 그 나라의 생활 방식 속에서 현지인의 사고방식 등을 익혀가며 배우는 것이 가장 바람직하겠지만, 누구나 그렇게 한다는 것은 불가능하다. 그러므로 대부분의 경우 외국어 학습은 강의실에서 이루어지게 되는데, 이 때 최선의 학습 방법을 따라야만 할 것이다. 즉 배운 내용은 항상 소리를 내어 읽고 외워서, 학습자의 귀와 입에서 음성언어로 자연스럽게 익혀질 때까지 끊임없이 반복해야 하는 것이다.

이 책에서는 그러한 점에 유의하여 각 단원의 기초일본어 문형에 맞도록 체계화하였다. 그리고 대학의 전공학생들과 현실적으로 밀접한 소재를 중심으로 한 대화를 채택하였기 때문에 직접 응용해 볼 수 있다는 점에서 자부한다. 꾸준히 되풀이 연습하는 것만이 보다 일본어회화에 가까워질 수 있는 지름길임을 다시 한 번 강조하면서 이 책이 그 길잡이가 되기를 바란다.

2009년 2월
저자 씀

각과의 구성

각 과의 구성은 제 1과 「はじめまして」를 제외하고 아래와 같이 되어 있다.

1 기본회화

각 과에서 배울 내용을 토대로 일상생활에서 있을 만한 소재로 만든 모델회화이다. 일본어 한자에는 ふり仮名를 달아 초급학습자도 수월하게 읽을 수 있도록 하였다. 몇 번이고 큰소리로 읽어 익숙하게 말할 수 있도록 한다.

2 내용확인

기본회화의 내용을 충분히 이해했는지를 확인하기 위한 질문을 몇 가지 제시하였다. 가능한 교과서를 보지 않고 대답할 수 있도록 연습한다.

3 해설

각 과의 학습에 도움이 되는 문법 및 용법의 해설에 관한 정보가 적혀 있다. 따라서 본문 학습에 들어가기 전에 대강 한번 훑어보는 것이 바람직하다. 또 공부하는 도중에 필요에 따라 참조한다.

4 연습

각 과에 도입된 어구나 표현, 문형 등을 사용하여 회화연습을 한다. 두 가지의 연습법이 있다.

a. 문형연습 : 그 과에서 특히 중요하게 공부하면 좋을 문형을 연습할 수 있는 문제이다.

b. 회화연습 : 그 과의 학습내용을 어느 정도 익혔는지를 가늠하는 문제이다.

5 롤플레이(역할연습)

두 명이 페어가 되어 연습한다(간혹 세 명이 되기도 한다). 상황과 역할이 적혀 있는 A와B 카드 두 개를 각자 한 사람씩 가지고 실제상황과 같이 연습한다. 기본회화를 참조하되, 자신과 관련 있는 상황을 생각하면서 거기에 맞게 응용하여 회화를 만들어내면 학습효과가 높아질 것이다.

그 외에도 학습효과를 높이기 위해 知(し)っておけば便利(べんり)な一言(ひとこと)(알아두면 편리한 한마디), 役(やく)に立(た)つぷち情報(じょうほう)(도움이 되는 작은 정보), TIP, QUIZ 등의 코너를 넣었다.

目次

知っておけば便利な一言 (알아두면 편리한 한 마디)

役に立つぷち情報(도움이 되는 작은 정보)

Tip

Quiz

교실에서 자주 쓰는 말

1 よく聞いてください。	잘 들으세요.
2 ついて読んでください。	따라서 읽으세요.
3 ○○ページを見てください。	○○페이지를 보세요.
4 本を見ないでください。	책을 보지 마세요.
5 覚えましょう。	외웁시다.
6 大きい声で言いましょう。	큰 소리로 말합시다.
7 宿題です。	숙제입니다.
8 今日はここまでです。	오늘은 여기까지입니다.
9 お疲れ様でした。	수고하셨습니다.
☞ もう一度言ってください。	한 번 더 말해 주세요.
☞ ○○は日本語で何と言いますか。	○○은/는 일본어로 뭐라고 해요?
☞ どういう意味ですか。	무슨 의미예요?

第一課

はじめまして

場所：「ふじの間」

状況：第一回目の授業の前

李：こんにちは。

金：こんにちは。

李：失礼ですが、日本語科の学生ですか。

金：はい、そうですが。

李：はじめまして。三年生の李相浩です。

金：ああ、先輩ですね。一年生の金美珍です。

どうぞ、よろしくお願いします。

李：こちらこそ。どうぞよろしく。

처음 뵙겠습니다.
장소 :『후지노마』
상황 : 첫 번째 수업 전

이 : 안녕하세요?
김 : 안녕하세요?
이 : 실례지만, 일본어과 학생입니까?
김 : 네, 그렇습니다.
이 : 처음 뵙겠습니다. 저, 일본어과 3학년 이 상호입니다.
김 : 아, 선배군요. 1학년 김 미진입니다. 잘 부탁 드립니다.
이 : 저야말로 잘 부탁합니다.

内容確認(ないようかくにん) 내용확인

1. 金さんは日本語科(にほんごか)の学生(がくせい)ですか。
2. 李さんは金さんの先輩(せんぱい)ですか。
3. 李さんは何年生(なんねんせい)ですか。

解説(かいせつ) 해설

1 「こんにちは」

낮에 사람을 만났을 때에 하는 인사말이다. 「は」는 「은, 는」에 해당하는 조사이며, 「わ(wa)」로 발음한다.

인사말

아침 : おはようございます
낮 : こんにちは
밤 : こんばんは
헤어질 때 : さようなら

2 「失礼(しつれい)ですが」

「실례입니다만」이라는 뜻으로, 묻기 곤란할 때 전제어로 쓰인다.
「が」는 접속조사로서, 우리말의 「～다만, ～만」에 해당한다.

3 「の」

「の(의)」는 소유나 소속을 나타내는 용법과 성질이나 상태를 나타내는 용법이 있는데, 우리말과 달리 일본어에서는 이 조사를 생략할 수 없다.

명사 (名詞)	の	명사 (名詞)

예 私の本　彼の家族　桜の花　会長の田中さん

4 「学生ですか」

다른 말의 뒤에 붙어서 단정을 나타내는 「です」에 의문조사 「か」가 붙어서 의문문이 되었다.

5 「はい」

어떤 질문에 대해 긍정을 하는 말로, 우리말의 「네」에 해당한다. 「はい」는 짧고 명료하게 발음하도록 한다. 또한 「はい、はい」라고 두 번 말하는 것은 별로 좋지 않으니 주의한다.

6 「そうです」

「そうです」는 상대방의 말에 긍정을 나타내며, 우리말의 「그렇습니다」에 해당한다. 이 장면에서는 갑자기 질문을 받아 의아해하는 기분으로 「그렇습니다만(왜 그러시죠?)」라는 뉘앙스이다.

7 「はじめまして」

「처음 뵙겠습니다」라는 인사말이다. 좀더 공손하게 「はじめてお目にかかります」로 말할 수 있다.

8 「わたし」

1인칭 대명사로, 우리말의 「저, 나」에 해당한다. 더 정중한 「わたくし」도 있으나, 보통 「わたし」로 충분하다. 우리말에서도 「저는···, 저는···」라고 계속해서 쓰면 어색한 경우가 있는데, 일본어에서는 이런 점이 더 크다. 즉, 1인칭 대명사인 「私(わたし)は」를 쓰면 강조하는 느낌이 들어 생략하는 경우가 많다.

2인칭 대명사로는 「あなた」가 일반적으로 쓰이나 정중한 관계에서는 쓰지 않는다.

9 「じゃ」

「그러면」이라는 의미의 접속사 「では」의 준말로, 보통 회화체에 쓰인다.

10 「～ね」

문장 끝에 오는 종조사로, 우리말의 「～이군요, ～이지요」에 해당한다. 상대방의 어떤 동의를 구하거나, 사실 여부를 확인할 때나 감탄, 낙담, 놀람 등의 기분을 가볍게 나타낼 때 등에 쓰인다.

11 「どうぞよろしくお願(ねが)いします」

상대방에게 어떤 행위를 요구하거나, 부탁, 권유할 때에 쓰는 「どうぞ(모쪼록, 부디)」에 「よろしく(잘)」를 접속시킨 「どうぞよろしく」만으로도 「잘 부탁합니다」의 인사말로 쓰이지만, 「おねがいします(부탁드립니다)」를 붙여서 더 정중하게 나타낸다.

12 「～こそ」

특히 강조하는 기분을 나타내는 「～야말로」의 뜻이다.

練習(れんしゅう)
연습

1 (1) 名前(なまえ)(이름)

이름(名前(なまえ)) ＋ です／と申(もう)します。

☞ 自分(じぶん)の名前(なまえ)をカタカナで書(か)いてみましょう。

(자기이름을 가타카나로 써 봅시다.)

(2) 자기소개(自己紹介(じこしょうかい))

状況(じょうきょう)：日本人(にほんじん)にはじめて会(あ)いました。

(상황: 일본사람을 처음 만났습니다.)

> はじめまして。(わたしは)___이름___です/と申(もう)します。
>
> 韓国(かんこく)から来(き)ました。蔚山大学(ウルサンだいがく)の日本語(にほんご)日本(にほん)学科(がっか)の一年生(いちねんせい)です。
>
> お会(あ)いできてうれしいです。
>
> どうぞよろしくお願(ねが)いします。

2 다음과 같은 경우 일본어로 어떻게 말하겠습니까?

a. 누군가를 처음 만났을 때

b. 자신의 이름을 말할 때

c. 앞으로 잘 부탁한다고 말할 때

ロールプレイ 역할연습

A: 당신은 일본인 대학생 鈴木雄二(すずき ゆうじ)입니다.
오늘 처음 한국의 대학생을 만나기로 했습니다.
당신은 일본대학교 경제학과 2학년입니다.
자기소개를 하십시오.
☞ 참고단어: 日本大学(にほんだいがく)
経済学科(けいざいがっか)

B: 당신은 울산대학교 일본어일본학과의 학생입니다.
오늘 일본의 대학생을 처음 만나기로 했습니다.
자기소개를 하십시오.

Tip 1 主な国(おも くに) (주요국가)

韓国(かんこく)	日本(にほん)	アメリカ	カナダ
中国(ちゅうごく)	台湾(たいわん)	ドイツ	フランス
イギリス	オーストラリア	ロシア	タイ
ベトナム	香港(ホンコン)	イタリア	スペイン

第二課 アメリカンコーヒーはありますか。

場所：Symphony

状況：授業の後、李君と金さんは一緒にコーヒーショップに行く。

李：(メニューを見ながら)金さんは。

金：そうですねえ。紅茶、ありますか。

李：えーと、ありませんね。

金：そうですか。じゃあ、緑茶、ありますか。

李：それもありませんね。ここにはコーヒーしかありませんが。

金：そうですか。仕方ないですね。じゃあ、コーヒー。

李：僕もコーヒー。

(注文後)

金：(砂糖を出しながら)お先にどうぞ。

李：どうも、すみません。あっ、スプーンがありませんね。

金：はい、どうぞ。

李：どうもありがとう。

아메리칸 커피는 있습니까?
장소 : 심포니
상황 : 수업 후, 이군과 김양은 함께 커피숍에 간다.

이 : (메뉴를 보면서) 김 미진 씨는(무엇으로 하겠습니까)?
김 : 글쎄요. 홍차 있습니까?
이 : 음, 없군요.
김 : 그렇습니까? 그럼 녹차는 있습니까?
이 : 그것도 없군요. 여기는 커피밖에 없습니다만.
김 : 그렇습니까? 할 수 없군요. 그럼 커피(로 하겠습니다).
이 : 나도 커피.
(주문후)
김 : (설탕을 내놓으면서) 먼저 넣으세요.
이 : 정말 죄송합니다. 아, 스푼이 없군요.
김 : 네, 여기 있어요.
이 : 매우 감사합니다.

内容確認(ないようかくにん) 내용확인

1. 金さんと李さんはどこに来(き)ましたか。
2. このコーヒーショップに紅茶(こうちゃ)はありますか。
3. このコーヒーショップにコーヒーはありますか。
4. 金さんと李さんは何(なに)を注文(ちゅうもん)しましたか。

解説(かいせつ) 해설

1 「あります」「ありません」

무의식적인 사물의 존재를 나타내는 「あります」는 우리말의 「있습니다」에 해당하며, 부정형은 「ありません」이다. 우리말과 달리 일본어에서는 「あります」「います」의 두 가지로 존재를 나타낼 수 있는데, 「います」에 관해서는 제 3과에서 다루기로 한다.

2 「それも」

사물을 나타내는 일본어의 지시대명사는 「これ(이것)」「それ(그것)」「あれ(저것)」가 있으며, 「어느 것」을 나타내는 의문지시대명사는 「どれ」이다. 「も」는 우리 말의 「도」에 해당하는 조사이다.

3 「ここには」

「ここ(여기)」는, 「そこ(거기)」「あそこ(저기)」「どこ(어디)」와 함께 장소를 나타내는 근칭, 중칭, 원칭, 부정칭의 지시대명사의 하나이다.

日本語(にほんご)の指示詞(しじし)(일본어의 지시사) 「こ/そ/あ/ど」

	物(もの)	場所(ばしょ)	人(ひと)	方向(ほうこう)
こ ＋	これ	ここ	この人(ひと)(方(かた))	こちら
そ ＋	それ	そこ	その人(ひと)(方(かた))	そちら
あ ＋	あれ	あそこ	あの人(ひと)(方(かた))	あちら
ど ＋	どれ	どこ	だれ(どなた)	どちら

4 「しか」

「しか」는 우리말의 「밖에」에 해당하며, 「～しか～ない」와 같이 반드시 부정 표현을 이끈다.

예 漢字を二百ぐらいしか知りません。

5 「仕方ない」

「어쩔 수 없다, 할 수 없다」는 의미의 말이다.

6 「僕」

남자들이 친근한 사이에서 「私(わたし)」 대신 쓰는 1인칭 대명사이다.

7 「お先に」

상대방에게 양보하거나, 권할 때의 용법

예 お先にどうぞ。

상대방보다 먼저 어떤 행동을 취할 때의 용법

예 お先に失礼します。

8 「どうもすみません」

「どうも」는 우리말의 「정말로」 「대단히」라는 의미의 부사이다. 「どうもすみません」 「どうもありがとうございます」와 같이 감사나 미안함 등의 기분을 더 정중하게 나타내기도 하지만, 「どうも」만으로 대신할 수 있다.

9 「ありがとう」

우리말의 「감사합니다」 「고맙습니다」에 해당하는 「ありがとうございます」를 친근한 사이에서는 「ありがとう」라고 줄여 말하기도 한다.

練習(れんしゅう) 연습

1 예와 같이 주어진 단어를 선택하여 문장을 만드세요.

예 あそこ、あります、います、コンビニ、に、が、を
⇛ **あそこにコンビニがあります。**

1) (教室(きょうしつ)、学生(がくせい)、に、あります、います、で、が)

⇛

2) (下(した)、いす、あります、います、の、が、に、犬(いぬ))

⇛

3) (郵便局(ゆうびんきょく)、隣(となり)、あります、います、が、に、の)

⇛

4) (近(ちか)くに、トイレ、ありませんか、いませんか、は、を)

⇛

2 (1) 다음과 같은 경우 일본어로 어떻게 말하겠습니까?

a. 커피숍에서 메뉴를 보며 상대방에게 무엇을 마실지 물어볼 때
b. 이 커피숍에는 커피밖에 없다고 말할 때
c. 상대방에게 먼저 드시라고 권할 때

(2) 다음을 일본어로 말해 봅시다.

a. 다나카씨는 뭘 드시겠습니까?

b. 그럼, 할 수 없군요.

c. 가방은 의자 아래 있습니다.

d. 다나카씨는 교실 안에 있습니다.

e. 근처에 화장실이 있나요?

ロールプレイ 역할연습

A: 당신은 한국에 유학 온 일본인 대학생입니다.
한국에 온 지 한 달 됐습니다.
한국인 친구를 만나 커피숍에 왔습니다.
커피는 안 마십니다.
홍차를 주로 마십니다.

B: 당신은 울산대학교 일본어일본학과의 학생입니다.
오늘 일본인 유학생을 만나 커피숍에 왔습니다.
블랙커피를 좋아합니다.
일본인 친구에게 뭘 마실지 물어보고 주문하십시오.

第三課

犬はいますか。

場所：前課と同じ

状況：コーヒーを飲みながら、自己紹介をする。

李：金さん、お家はどちらですか。

金：新亭洞です。

李：そうですか。ご家族は。

金：父と母、そして姉と兄がいます。

李：お祖母さんもいますか。

金：はい、お祖父さんはいませんが、お祖母さんはいます。

李：あ～、そうですか。ところで、お父さんは会社員ですか。

金：はい、会社員です。

李：お母さんもですか。

金：いいえ、母は主婦です。

李：うちと一緒ですね。ペットはいますか。

金：はい、猫がいます。犬はいませんが。

李：あ～、そうですか。ところで、ご兄弟は何人ですか。

金：兄(あに)が一人(ひとり)と姉(あね)が一人(ひとり)います。

李：お姉(ねえ)さんはおいくつですか。

金：姉(あね)は２６才(にじゅうろっさい)です。

李：お兄(にい)さんもお姉(ねえ)さんも学生(がくせい)ですか。

金：いいえ、兄(あに)は軍人(ぐんじん)で、姉(あね)は小学校(しょうがっこう)の先生(せんせい)です。

李：あ～、そうですか。

개는 있습니까?
장소 : 제2과와 동일
상황 : 커피를 마시면서, 자기소개를 한다.

이 : 김 미진 씨, 집이 어디입니까?
김 : 신정동입니다.
이 : 그래요? 가족은요?
김 : 아버지와 어머니, 할머니, 그리고 언니와 오빠가 있습니다.
이 : 할머니도 계세요?
김 : 네, 할아버지는 안 계시지만, 할머니는 계십니다.
이 : 아, 그래요? 그런데, 아버님은 회사원이십니까?
김 : 네, 회사원입니다.
이 : 어머님도요?
김 : 아니요. 어머니는 주부이십니다.
이 : 저희집과 같네요. 애완동물은 있습니까?
김 : 네, 고양이가 있습니다. 개는 없지만,
이 : 아, 그래요? 그런데, 형제는 몇 명이에요?
김 : 오빠가 한 사람과 언니가 한 사람 있습니다.
이 : 언니는 몇 살입니까?
김 : 언니는 26살입니다.
이 : 오빠와 언니는 학생입니까?
김 : 아니요, 오빠는 군인이고, 언니는 초등학교 선생님입니다.
이 : 아, 그래요?

内容確認
내용확인

1. 金さんのご家族は?
2. 金さんのお父さんは会社員ですか。
3. 金さんのご兄弟は?
4. 金さんのお姉さんは何才ですか。
5. 金さんの家にペットはいますか。

解説
해설

1 「います」「いません」

일본어에서는 사람이나 동물의 존재를 나타낼 때 「います」(있습니다)를 쓰며, 부정형은 「いません」(없습니다)이다.

2 「お父さん」

일본어에서는 자기 가족을 말할 때는 부모라 해도 높이지 않고, 다른 사람의 가족을 말할 때는 어린 아이라도 높여서 이야기한다.

다른 사람의 가족을 말할 때	お父さん お母さん	お兄さん お姉さん	弟さん 妹さん
자기 가족을 말할 때	父 母	兄 姉	弟 妹

3 「ご兄弟は」

「兄弟」에 상대방에 대한 존경의 뜻을 나타내는 접두어 「ご」를 붙여서 「형제분」이라고 말할 수 있다. 「ご」는 주로 한자어 앞에 오고, 고유어 앞에는 「おいくつですか(몇 살이십니까)」와 같이 「お」를 붙인다.

4 「と」

몇 개인가를 나열할 때에 쓴다. 우리말의 「와/과」에 해당된다.

예 机の上に本とノートと鉛筆があります。

5 「いいえ」

우리말의 「아니오」에 해당하며 정중하게 부정할 때에 쓴다.

6 「で」

「N1は N2で、N3は N4です」의 문형에서와 같이 앞뒤의 두 문장을 연결시킨다.

예 これは本で、あれは絵です。

あの人は木村さんで、日本の留学生です。

練習 연습

1 각자 가족 사진을 가지고 와서 이야기해 봅시다.
(사진 대신 그림을 사용해도 좋음)

모델회화

A：この写真が田中さんの家族写真ですか。

B：はい、どうぞ。

A：この人(ひと)はだれですか。

B：兄(あに)です。

A：ハンサムですね。

B：そうですか。ありがとうございます。

2 (1) 다음과 같은 경우 일본어로 어떻게 말하겠습니까?

a. 상대방의 가족에 대해 물어볼 때

b. 애완동물을 기르는지 묻고 싶을 때

c. 상대방의 여동생이 몇 살인지 묻고 싶을 때

(2) 다음을 일본어로 말해 봅시다.

a. 어머니는 선생님입니다.

b. 할머니는 계시지만, 할아버지는 안 계십니다.

c. 고양이는 있습니다만, 개는 없습니다.

d. 언니는 25살입니다.

ロールプレイ 역할연습

A: 당신은 일본인 대학생입니다.
당신의 가족은 할머니, 아버지, 어머니, 여동생의 5인 가족입니다.
고양이를 두 마리 키웁니다.
여동생은 고등학생(2학년)입니다.

B: 당신은 울산대학교 일본어일본학과의 학생입니다.
일본인 친구에게 가족사항을 물어보십시오.

第四課

遠いんですか

場所：第二課と同じ
状況：第二課の続き

金：李先輩のお宅は、学校から遠いんですか。

李：ええ、とても遠いんです。バスで一時間半かかります。

金：えっ、そんなにかかりますか。

李：だから、毎朝6時に起きます。

金：早起きですねえ。それで、何時に家を出るんですか。

李：7時30分頃、家を出ます。

金：そうですか。早いですね。

李：金さんは何時頃、起きますか。

金：7時30分頃です。学校から近いので。

李：(笑) 朝ねぼうですねえ。

먼니까?
장소 : 제2과와 동일
상황 : 제2과와 동일

김 : 이 선배님 댁은 학교에서 멉니까?
이 : 네, 매우 멉니다. 버스로 1시간 반 걸립니다.
김 : 네?! 그렇게 멀어요?
이 : 때문에, 매일 아침 6시에 일어납니다.
김 : 일찍 일어나는군요. 그래서, 몇 시에 출발합니까?
이 : 7시 30분경 출발합니다.
김 : 그렇습니까? 빠르네요.
이 : 김 미진 씨는 몇 시쯤 일어납니까?
김 : 7시 30분쯤이요. 학교에서 가까우니까.
이 : (웃음) 늦잠꾸러기군요.

内容確認 내용확인

1. 李さんの家は学校から遠いですか。

   1−1. どのぐらいかかりますか。

2. 李さんは毎朝何時に起きますか。

3. 李さんは何時に家を出ますか。

4. 金さんは何時に起きますか。

   4−1. それはなぜですか。

解説 해설

1 「N1からN2まで」

장소, 위치, 시간, 거리 등의 시작을 나타내는 조사「から」와 끝을 나타내는 조사「まで」로「N1에서(부터) N2까지」를 나타낸다.

예 三月から六月までいます。

ソウルから釜山までどのぐらいですか。

2 「遠いんですか」

의미를 더 강조하거나 설명하는 기분을 나타내고자 문장 끝에「のだ(のです)」를 쓰며, 회화체에서는 흔히「んだ(んです)」의 형이 쓰인다.

예 明日は私の誕生日なんです。

の

3 「で」

조사「で」의 용법은 여러 가지가 있으나, 여기에서는 재료나 수단 방법을 나타내고 있다.

예 米でご飯を作ります。

日本語で手紙を書きます。

4 「かかります」

「ます」는 동사의 어간(연용형)에 붙어 정중한 말씨로 만들어 주는 조동사로, 반복, 습관, 장차 일어날 동작, 동작 주체의 의지 등을 나타낸다. 우리말의「~합니다」에 해당한다고 하지만, 일본어에 있어서는 이것이 현재 일어나고 있는 동작이나 행위의 표현이 아니라는 점을 주의해야 한다.

예 私は毎朝六時に起きます。

来週の金曜日に人文大の体育大会があります。

夏休みに日本へ行きます。

기본동사

꼭 외우세요!

起きる　寝る　食べる　来る　行く　洗う　お風呂に入る　見る
話す　聞く　書く　読む　勉強する　仕事する　運動する　会う
別れる　掃除する　洗濯する　休む　歌を歌う　料理する　踊りを
踊る　飲む

5 「そんなに」

뒤에 긍정문이 오면 「그렇게」「그 정도로」, 부정문이 오면 「별로」「그다지」라는 뜻이 된다.

예 そんなに早く起きますか。

人口はそんなに多くありません。

6 「だから」

「だ(이다)」는 문말에서 단정의 의미를 나타내는 조동사이지만, 여기에서는 원인이나 이유를 나타내는 「から」와 함께 「그러므로, 때문에」라는 접속어로 쓰이고 있다.

7 「に」

조사 「に」의 용법은 여러 가지이나, 여기에서는 어떤 동작이 이루어지는 때나 경우를 나타낸다.

練習(れんしゅう) 연습

1 얼마나 걸립니까? (밑줄 부분은 각자 생각할 것)

예 A: ここから 学校(がっこう)まで どのくらい かかりますか。

여기에서 학교까지 얼마나(어느 정도) 걸립니까?

B: タクシーで 10分(じゅぷん)くらい かかります。

택시로 10분 정도 걸립니다.

(1) ここ、空港(くうこう)／バス、 1時間(いちじかん)３０分(さんじゅっぷん)

(2) 東京(とうきょう)、ソウル／飛行機(ひこうき)、 2時間(にじかん)

(3) 学校(がっこう)、家(いえ)／電車(でんしゃ)、 ２０分(にじゅっぷん)

(4) ここ、ロッテデパート/タクシー、 １５分(じゅうごふん)

(5) ここ、 ________________ / 歩(ある)いて、 ________________

(6) ______________、 ________________ / ________________、

2 (1) 다음과 같은 경우 일본어로 어떻게 말하겠습니까?

a. 상대방의 집이 여기에서 가까운지 물어볼 때

b. 집에서 학교까지 버스로 30분 걸린다고 말할 때

c. 집이 학교에서 멀다고 말할 때

(2) 다음을 일본어로 말해 봅시다.

a. 그렇게 걸려요?

b. 빨리 일어나시네요.

c. 몇 시에 집에서 나가요?

d. 늦잠꾸러기네요.

ロールプレイ 역할연습

A: 당신은 일본인 대학생입니다.
다음 주에 부산에 가려고 합니다.
부산에 가는 방법을 친구에게 물어보십시오.
교통수단과 시간이 얼마나 걸리는지 물어보십시오.

B: 당신은 울산대학교 일본어일본학과의 학생입니다.
일본인 친구가 부산에 가는 방법을 물어보면 알려 주십시오.

Tip 2 さまざまな職業(しょくぎょう) (여러 가지 직업)

会社員 (かいしゃいん)	先生 (せんせい)	医者 (いしゃ)	学生 (がくせい)
店員 (てんいん)	主婦 (しゅふ)	運転士 (うんてんし)	歌手 (かしゅ)
警察 (けいさつ)	秘書 (ひしょ)	銀行員 (ぎんこういん)	通訳士 (つうやくし)
美容師 (びようし)	エンジニア	弁護士 (べんごし)	映画俳優 (えいがはいゆう)

第五課

MT(メンバーシップトレーニング)

場所：西原先生の研究室
状況：MTの計画を西原先生に伝える。

李　：失礼します。

西原：あ、李さん、何ですか。

李　：先生、これ、MTの計画です。

西原：あ、どうもありがとう。どれどれ… 来週の金・土ですね。

李　：はい、金曜日の朝九時にバスが出ます。

西原：大学の前からですか。

李　：そうです。

西原：あ、今年は民宿に泊まりますか。

李　：はい、五月はよく雨が降りますから。
でも、食事は自分たちで作ります。

西原：何を作りますか。

李　：海の魚でメウンタンを作ります。

西原：それは楽しみですね。分かりました。

李：では、失礼します。おじゃましました。

MT(멤버십 트레이닝)
장소 : 니시하라 교수의 연구실
상황 : MT 계획을 니시하라 교수에게 전달한다.

이 : 실례합니다.
니시하라 : 아, 이군 뭡니까?
이 : 교수님, 이거, MT계획입니다.
니시하라 : 아, 고마워요. 어디… 다음주 금, 토군요.
이 : 네, 금요일 아침 9시에 버스가 출발합니다.
니시하라 : 대학 앞에서입니까?
이 : 그렇습니다.
니시하라 : 올해는 민박합니까?
이 : 네, 5월은 비가 자주 내리기 때문에. 하지만 식사는 저희들이 만듭니다.
니시하라 : 무엇을 만듭니까?
이 : 바다 생선으로 매운탕을 만듭니다.
니시하라 : 그거 재미있겠군요. 알겠습니다.
이 : 실례합니다. 폐가 되었습니다.

内容確認 내용확인

1. 李さんはどんな用事で西原先生の研究室に来ましたか。
2. MTはいつ行きますか。
3. 今年のMTはどこで泊まりますか。
4. 食事は何を作りますか。

解説(かいせつ) 해설

1 「失礼(しつれい)します」

다른 사람이 있는 곳에 들어갈 때는 「失礼(しつれい)します」「おじゃまします」, 나올 때는 「失礼(しつれい)しました」「おじゃましました」라고 한다.

2 「どれどれ」

사물을 자세히 볼 때에 하는 혼잣말이다.

3 「民宿(みんしゅく)に泊(と)まりますか」

여기에서의 「に」는 장소나 위치를 나타내는 명사 뒤에 오는 조사이다.

4 「よく降(ふ)りますから」

「よく」는 「잘」「흔히, 자주」의 의미를 나타내는 부사로, 여기서는 문말에 「から」가 붙어서 「(비가)자주 내리기 때문에요」라는 뜻이 된다.

5 「自分(じぶん)たちで」

「で」는 동작의 주체를 나타내어, 우리말로 주격 조사 「이, 가」와 같이 쓰인다.

예 何(なん)でも自分(じぶん)でやります。

6 「楽(たの)しみですね」

「楽(たの)しみ」는 앞으로 일어날 일에 대한 기대감을 나타낸다. 우리말의 「기대되는데요」 정도의 의미이다.

練習(れんしゅう)
연습

1 友達(ともだち)と話(はな)してみましょう。

- 誕生日(たんじょうび)は　いつですか。
- おいくつですか。
- 何年(なんねん)　生(う)まれですか。
- 大事(だいじ)な　日(ひ)は　いつですか。

名前(なまえ)	誕生日(たんじょうび)	年(とし)	生(う)まれ年(どし)	大事(だいじ)な日(ひ)
さん	月(がつ)　日(にち)	才(さい)	年(ねん)生(う)まれ	月(がつ)　日(にち)

2 (1) 다음과 같은 경우 일본어로 어떻게 말하겠습니까?

a. 노크하고 들어갈 때

b. 기대가 될 때

c. 사무실, 연구실 등을 방문한 후 돌아갈 때

(2) 다음을 일본어로 말해 봅시다.

a. 다음주 화, 수네요.

b. 금요일 아침 9시에 출발합니다.

c. 뭘 만들어요?

ロールプレイ 역할연습

A: 당신은 니시하라 교수님입니다.
학생이 연구실에 찾아왔습니다.
용건을 물으십시오.

B: 당신은 울산대학교 일본어일본학과의 학생입니다.
다음주 MT건으로 교수님 연구실에 찾아갑니다.
아래의 MT일정 등을 참고하여 교수님께 보고하십시오.
· MT일정: 다다음주 금요일 오전 9시 30분 출발, 토요일 오후 5시 도착예정
· 숙박: 민박　· 식사: (자신이 생각하십시오)
· 회비: (자신이 생각하십시오)

TIP 3 日本(にほん)の祭日(さいじつ)

* 2009年度基準

1月1日	元旦（がんたん）
1月12日	成人の日（せいじんのひ）（1月第2週目の月曜日（がつだい しゅうめ げつようび））
2月11日	建国記念日（けんこくきねんび）
3月20日	春分の日（しゅんぶんのひ）
4月29日	昭和の日（しょうわのひ）
5月3日	憲法記念日（けんぽうきねんび）
5月4日	みどりの日
5月5日	こどもの日
7月20日	海の日（うみのひ）（7月第3週目の月曜日）
9月21日	敬老の日（けいろうのひ）（9月第3週目の月曜日）
9月23日	秋分の日（しゅうぶんのひ）
10月12日	体育の日（たいいくのひ）（10月第2週目の月曜日）
11月3日	文化の日（ぶんかのひ）
11月23日	勤労感謝の日（きんろうかんしゃのひ）
12月23日	天皇誕生日（てんのうたんじょうび）

第六課(だいろっか)

街(まち)で

場所(ばしょ)：市内(しない)にあるスーパーマーケット

前提(ぜんてい)：李君(くん)、金君(くん)、洪君は映画(えいが)を見(み)る前(まえ)に買物(かいもの)をする。

李：あ、青木(あおき)さん、青木(あおき)さんじゃありませんか。

青木：やあ、李さん。この間(あいだ)はどうも。

李：いいえ、どういたしまして。今日(きょう)は買物(かいもの)ですか。

青木：ええ。明日(あした)、家内(かない)が来(く)るんです。

李：それはよかったですね。青木(あおき)さん、うれしいですか。

青木：ええ、そりゃ、まあね。

李：あ、紹介(しょうかい)します。日本語科(にほんごか)の金美珍さんと洪賢秀君(くん)です。

金：はじめまして。金美珍です。

洪：はじめまして。洪賢秀です。

青木：はじめまして。青木(あおき)です。
今日(きょう)はみんなでどこかへ行(い)くんですか。

李：はい、これから映画(えいが)を見(み)に行(い)きます。

青木：そうですか。若(わか)い人(ひと)はいいですね。

李：青木(あおき)さんは、明日(あした)、空港(くうこう)へ奥(おく)さんを迎(むか)えに行(い)きますか。

青木：ええ。あ、そうそう、空港(くうこう)へ行(い)くバス停(てい)はどこですか。

洪：タクシー乗(の)り場(ば)の後(うし)ろにバス停(てい)があります。

青木：そうですか。どうもありがとう。

李：じゃ、わたしたち、これで失礼(しつれい)します。

青木：じゃ。

거리에서
장소 : 시내에 있는 슈퍼마켓
상황 : 이군, 김양, 홍군은 영화를 보기 전에 쇼핑을 한다.

이　　: 아, 아오키 씨, 아오키 씨 아닙니까?
아오키 : 어, 이 상호 씨. 일전에는 매우(고마웠어요).
이　　: 아니, 천만에요. 오늘은 쇼핑하십니까?
아오키 : 네, 내일 처가 옵니다.
이　　: 그래요? 아오키 씨, 기쁘세요?
아오키 : 네, 그야 뭐…
이　　: 아, 소개하겠습니다. 일본어과의 김 미진 양과 홍 현수 군입니다.
김　　: 처음 뵙겠습니다. 김 미진입니다.
홍　　: 처음 뵙겠습니다. 홍 현수입니다.
아오키 : 처음 뵙겠습니다. 아오키입니다. 오늘은 모두 어딘가 가는 거예요?
김　　: 네, 이제부터 영화를 보러 갑니다.
아오키 : 그렇습니까? 젊은 사람은 좋군요.
이　　: 아오키 씨는 내일 공항에 부인을 맞이하러 갑니까?
아오키 : 네, 아 참, 공항에 가는 버스 정류장은 어디입니까?
홍　　: 택시 승강장 뒤에 버스 정류장이 있습니다.
아오키 : 그래요? 정말 고마워요.
이　　: 그럼, 우리 이만 실례하겠습니다.
아오키 : 그럼.

内容確認
내용확인

1. 青木さんと李さん達はどこで会いましたか。
2. 青木さんの奥さんはいつ来ますか。
3. 青木さんと金さんは今日はじめて会いましたか。
4. 李さんと金さん、洪さんはこれからどこへ行きますか。
5. 空港へ行くバス亭はどこの後ろにありますか。

解説
해설

1 「～じゃない(ありません)か」

부정의문문으로써 상대방의 긍정을 기대하는 표현이다.

예 ここがいいじゃありませんか。

2 「この間はどうも」「いいえ、どういたしまして」

「この間(저번에, 일전에)」에 「どうも(정말, 매우)」를 붙여서 특히 구체적인 일이 없어도 감사나 사과를 나타내는데, 이에 상투적으로 응수하는 말이 「どういたしまして」(천만에요)」이다.

3 「家内」

제삼자에게 자기 부인을 말할 때는 「家内(집사람)」이나 「妻」를 쓰고, 자기

남편을 말할 때는 「主人」이나 「夫」를 쓴다. 자기 편의 사람에게는 절대로 경칭을 쓰지 않는 일본어의 특징에서 남편을 「鈴木が」 등과 같이 姓을 그대로 써서 가리키는 경우도 많다. 다른 사람의 남편이나 부인은 「ご主人」「奥さん」으로 부르는 것이 보통이다.

4 「A-かった(です)」

형용사의 과거형은 어미 「い」가 「かった」로 바뀐다. 다시 여기에 「です」를 붙여 정중하게 표현하는데, 기본형에 「-でした」를 접속시키지 않도록 주의해야 한다.

예 それはいいですね。→ それはよかったですね。(○)
→ それはよいでしたね。(×)

5 「そりゃあ、まあね」

「そりゃ」는 「それは」의 축약형이다. 「まあね」는 「그저 그렇다, 참을 만하다」는 의미이다.

6 「どこかへ行くんですか(어딘가 가는 거예요?)」

여기서의 「か」는 불확실한 것을 나타낸다. 「行くんですか」는 「行きますか」의 회화체이다.

예 だれか来ましたか。

7 「見に行きます」

「に」의 용법 가운데 ⓐ 동작의 의미를 갖는 명사 뒤에 오거나, ⓑ 동사의 연용형 뒤에 와서 동작의 목적을 나타내는 경우이다. 이 때, 「行く」「来る」「帰る」 등과 같이 이동을 나타내는 동사가 뒤에 온다.

예 母は買物に出かけました。
友達が遊びに来ました。

8 「これで」

헤어지고자 할 때 「これで失礼(しつれい)します(이만 실례합니다)라고 하면, 상대방은 「じゃまた(그럼 또)」라고 하는데, 각각 「これで」 「じゃ」라고 간단히 말하기도 한다.

練習(れんしゅう) 연습

1 아래 보기의 각 장소에 무엇 하러 가는지 말해 보세요.

보기	
図書館(としょかん)(도서관)	A: どこへ行(い)きますか。(어디 가세요?)
	B: 図書館(としょかん)へ勉強(べんきょう)しに行(い)きます。 (도서관에 공부하러 가요.)

(1) 映画館(えいがかん)　A: どこへ行(い)きますか。
　B: ____________

(2) コーヒーショップ　A: ____________
　B: ____________

(3) 銀行(ぎんこう)　A: ____________
　B: ____________

(4) レストラン　A: ____________
　B: ____________

(5) 郵便局(ゆうびんきょく)　A: ____________
　B: ____________

(6) デパート　A: ____________
　B: ____________

(7) スポーツセンター　A: ____________
　B: ____________

참고표현 切手(きって)を買(か)う、お金(かね)をおろす、小包(こづつ)みを送(おく)る、通帳(つうちょう)を作(つく)る

2 (1) 다음과 같은 경우 일본어로 어떻게 말하겠습니까?
  a. 아는 사람을 만나 지난번에 고맙다고 인사할 때
  b. 다른 사람을 소개할 때
  c. 공항에 가는 버스정류장은 어디냐고 물을 때

(2) 다음을 일본어로 말해 봅시다.
  a. 기분 좋으세요(기쁘세요)?
  b. 오늘은 쇼핑하세요?
  c. 이제부터 영화 보러 가요.

ロールプレイ 역할연습

A: 당신은 아오키씨입니다.
당신은 내일 일본에서 처와 아이들이 오기 때문에 음식을 준비하러 슈퍼에 왔습니다.
슈퍼에서 전부터 알고 지내던 한국인 대학생을 우연히 만났습니다.
지난 번에 고마웠다고 인사를 하십시오.
지금 어디 가냐고 물어보십시오.

B: 당신은 울산대학교 일본어일본학과의 학생입니다.
당신은 내일 친구들과 여행을 가려고 합니다.
여행에 필요한 물건을 사러 슈퍼에 왔습니다.
슈퍼에서 전부터 알고 지내던 아오키씨를 우연히 만났습니다.
당신이 먼저 아오키씨에게 말을 거십시오.

第七課　一緒に帰りましょう。

場所：20号館の入り口

状況：7時頃、西原先生と金さんがばったり出会う。

金　：先生、こんばんは。

西原：こんな遅くまでお勉強ですか。

金　：はい、試験があるので、資料室で先輩と一緒に勉強しました。

西原：今、帰るところですか。

金　：はい。

西原：じゃあ、一緒に帰りましょう。

(図書館の前を歩きながら)

西原：大学生活にはもう慣れましたか。

金　：はい、だいぶ慣れました。いろんなことが自由なので、とても楽しいです。

西原：ところで、金さん、夕飯もう食べましたか。

金：いいえ、まだです。

西原：じゃあ、一緒に食べに行きましょう。私がおごりますから。

金：いえいえ。

西原：遠慮しないで。

金：はい、では。ありがとうございます。

함께 돌아갑시다.
장소 : 20호관 입구
상황 : 7시경, 니시하라 교수와 김양이 우연히 만난다.

김 : 교수님, 안녕하세요.
니시하라 : 이렇게 늦게까지 공부합니까?
김 : 네, 시험이 있기 때문에 자료실에서 선배와 함께 공부했습니다.
니시하라 : 지금 돌아가는 길입니까?
김 : 네.
니시하라 : 그럼 함께 돌아갑시다.

(도서관 앞을 걸으면서)
니시하라 : 대학 생활에는 이제 익숙해졌습니까?
김 : 네, 꽤 익숙해졌습니다. 여러 가지가 자유롭기 때문에 매우 즐겁습니다.
니시하라 : 그런데 김양, 저녁 식사 벌써 했습니까?
김 : 아니요, 아직 안 먹었어요.
니시하라 : 그럼 함께 먹으러 갑시다. 내가 한턱 낼 테니까.
김 : 아뇨아뇨.
니시하라 : 사양하지 말고.
김 : 네, 그럼. 감사합니다.

内容確認(ないようかくにん) 내용확인

1. 金さんは遅(おそ)くまで何(なに)をしましたか。

   1－1. それはなぜですか。

2. 金さんの大学生活(だいがくせいかつ)はどうですか。

3. 金さんは夕飯(ゆうはん)をもう食(た)べましたか。

4. 金さんは誰(だれ)と一緒(いっしょ)に夕飯(ゆうはん)を食(た)べに行(い)きますか。

解説(かいせつ) 해설

1 「こんな」

우리말의 「이런」에 해당하며, 명사 앞에서 그것을 수식해 준다. 그러나 시간이 아주 늦었다는 느낌을 강조하는 본문과 같이, 회화체에서는 흔히 그 정도를 강조할 때 「こんな(に)」「そんな(に)」「あんなに(に)」로 나타내기도 한다.

2 「ので」

앞의 문장이 뒤 문장의 원인, 이유를 나타낼 때에 쓰는 접속조사로, 말하는 이의 주장이 강하게 드러나는 「から」와 달리, 「ので」는 앞 문장의 표현이 객관적으로 여겨질 경우에 쓴다. 따라서 회화체에서는 「んで」로 되어 보다 부드러운 표현을 만들기도 하고, 특히 여성들이 강한 표현을 피하여 「ので」를 많이 쓴다.

예 仕事(しごと)があるので、どこへも行(い)きません。

3 「V-ました」

정중한 말씨를 나타내는 조동사 「ます」의 과거형은 「ました(했습니다)」이고, 그 부정형은 「ませんでした(하지 않았습니다)」이다.

4 「V-ところ」

「ところ」는 「곳」이라는 의미도 있으나, 또 어떤 시점을 나타내기도 한다. 즉 동사 기본형 뒤에 와서 어떤 동작이 막 일어나려고 하는 「~할 참」을 나타낸다.

예 ちょうど授業(じゅぎょう)が始(はじ)まるところです。

5 「V-ましょう」

「V-ます」의 권유형으로, 상대방에게 대한 제안, 권유, 말하는 이의 의지를 나타낸다. 손윗사람에게는 쓰지 않도록 한다.

예 ここに座(すわ)りましょうか。

私(わたし)がしましょう。

6 「ところで」

「그런데」의 의미로 앞의 화제를 다른 화제로 바꿀 때에 쓴다.

7 「もう」「まだ」

「もう」는 이미 어떤 일이 행해졌음을 나타내며, 「まだ」는 아직 완성되지 않았거나 행해지지 않았음을 나타낸다.

예 仕事(しごと)はもう終(お)わりましたか。いいえ、まだです。

練習 연습

1 모델회화를 참고로 아래의 티켓에 날짜와 시간을 자유롭게 쓰고 친구에게 같이 가자고 말해봅시다.

모델회화

A：田中さん、野球、好きですか。

B：ええ、好きです。

A：そうですか。東京ドームで野球の試合があります。
一緒に行きませんか。

B：ああ、いいですねぇ。いつですか。

A：25日の6時からです。

B：大丈夫です。行きましょう。

A. 	ピアノコンサート 場所：サントリーホール 日時：____月____日（土） 午後6時から________まで	￥12,000
B. 	いけばな展 京王デパート ____月____日（日） ____から________まで	￥1,600
C. サッカー 韓国－日本 横浜サッカー場 ___月___日（　）_______から		￥5,000

2 (1) 다음과 같은 경우 일본어로 어떻게 말하겠습니까?

a. 지금 집에 가는 길이냐고 물을 때

b. 같이 돌아가자고 말할 때

c. 같이 저녁을 먹자고 할 때

(2) 다음을 일본어로 말해 봅시다.

a. 이렇게 늦게까지 공부해요?

b. 꽤 익숙해졌어요.

c. 내가 살 테니까 같이 가요.

ロールプレイ 역할연습

A: 당신은 니시하라 교수님입니다.
퇴근하는 길에 일본어과 학생을 20호관 앞에서 만났습니다.
지금 시각은 밤 8시입니다.
학생에게 왜 이렇게 늦게까지 공부하냐고 물으십시오.
대학생활에 대해 물어본 후 저녁식사를 했는지 물어보십시오.
학생이 아직 저녁을 안 먹었다면 같이 먹으러 가자고 말하십시오.

B: 당신은 울산대학교 일본어일본학과의 학생입니다.
자료실에서 공부하다가 돌아가는 길에 니시하라 교수님을 20호관 앞에서 만났습니다.
지금 시각은 밤 8시입니다.
교문 쪽으로 걸어가며 이야기를 나눕니다.

TIP ❹ いろいろな場所(ばしょ)(여러 장소)

銀行(ぎんこう) 은행	本屋(ほんや) 서점	靴屋(くつや) 구두점	魚屋(さかなや) 생선가게	八百屋(やおや) 야채가게	花屋(はなや) 꽃가게
クリーニング屋(や) 세탁소		病院(びょういん) 병원	映画館(えいがかん) 영화관	眼鏡店(めがねてん) 안경점	学校(がっこう) 학교
肉屋(にくや) 정육점	パン屋(や) 빵집	ガソリンスタンド 주유소		郵便局(ゆうびんきょく) 우체국	会社(かいしゃ) 회사
飲(の)み屋(や) 술집	酒屋(さかや) 주류전문점	喫茶店(きっさてん)/コーヒーショップ/カフェ 다방/커피숍/카페			

第八課(だいはっか)

訪問(ほうもん)

場所(ばしょ)：青木(あおき)さんの家(いえ)

前提(ぜんてい)：李君(くん)、金君(くん)は青木(あおき)さんの家(いえ)に遊(あそ)びに行(い)く。

李　　　：ごめんください。

青木(妻(つま))：はーい。いらっしゃい。

金　　　：こんにちは。今日(きょう)はどうもありがとうございます。

青木(妻(つま))：どうぞ、お上(あ)がりください。

金　　　：おじゃまします。

青木　　：やあ、いらっしゃい。

李　　　：今日(きょう)はありがとうございます。

青木　　：いえいえ、いつも家内(かない)もお世話(せわ)になっていますから。

ま、お座(すわ)りください。

李　　　：はい。あの、これ、韓国(かんこく)のお菓子(かし)です。

青木　　：これは珍(めずら)しい物(もの)をどうも。

青木(妻)：まあ、すみませんね。いいんですよ。
お気づかいしないでください。

(ビールをつぎながら)

青木：さ、李君、どうぞ。

李：いただきます。

青木：金さんもどうぞ。

金：いいえ、私はちょっと。

青木(妻)：あ、好きじゃないんですか。じゃ、ジュースをどうぞ。

金：はい、すみません。(ジュースをもらいながら)ありがとうございます。

(みんなで飲物をつぎあう)

青木：それじゃ、これからもよろしく。

李·金：こちらこそ。

全員：乾杯！

青木(妻)：たくさんありますから、いっぱい食べてくださいね。

李·金：いただきます。

방 문
장소 : 아오키씨 집
상황 : 이군, 김양은 아오키씨의 집에 놀러간다.

이　　: 실례합니다.
아오키(부인) : 네, 어서 오세요.
김　　: 안녕하세요. 오늘은 정말로 고맙습니다.
아오키(부인) : 어서, 올라오세요.
김　　: 실례하겠습니다.
아오키 : 자, 어서 오세요.
이　　: 오늘은 감사합니다.
아오키 : 아니요, 늘 아내도 신세지고 해서요. 자, 앉으세요.
이　　: 네. 저, 이것, 한국 과자입니다.
아오키 : 이거 귀한 물건을 정말(감사합니다).
아오키(부인) : 어머, 미안해요. 괜찮아요, 마음쓰지 마세요.
(맥주를 따르면서)
아오키 : 이군, 드세요.
이　　: 잘 먹겠습니다.
아오키 : 김양도 어서.
김　　: 아니, 저는 좀.
아오키(부인) : 아, 안 좋아해서요? 그럼 주스를 드세요.
김　　: 네, 죄송합니다. (주스를 받으며) 감사합니다.
(모두 함께 마실 것을 따른다)
아오키 : 그럼, 앞으로도 잘 부탁드립니다.
이・김 : 저희들이야말로.
전　원 : 건배!
아오키(부인) : 많이 있으니까 (많이) 드세요.
이・김 : 잘 먹겠습니다.

内容確認(ないようかくにん)
내용확인

1. 李さんと金さんはどこに来(き)ましたか。
2. 李さんのお土産(みやげ)は何(なん)ですか。
3. 金さんは何(なに)を飲(の)みましたか。

解説(かいせつ) 해설

1 「～ください」

「～ください(～주세요)」는 「くださる(주시다)」의 명령형으로, 동사, 명사 등에 연결되어 권유, 의뢰를 나타낸다. 본문에서는 상대방의 허락, 용서를 뜻하는 「ごめん」과 합하여 「용서하세요」라는 의미로 되어, 주인에게 방문을 알리는 인사말로 쓰이고 있다. 현관 앞에서 하는 말이며, 방에 들어갈 때는 하지 않는다.

2 「いらっしゃい」

들어오는 사람을 맞이할 때의 인사말이다.

3 「おV-ください」

동사 연용형에 「ください」를 접속시켜서 상대방에게 어떤 행동을 취하도록 부탁하는 표현이다. 본문의 「お上(あ)がりください(들어오세요, 올라오세요)」는 손님을 집안으로 맞이하는 인사말이다.

4 「V-ないでください」

동사 미연형에 부정의 조동사 「ない」를 접속시켜서 어떤 동작이나 행위를 금지하는 「～하지 마세요」를 나타낸다.

예 もう泣(な)かないでください。

5 「いただきます」

식사를 하기 전이나, 다른 사람으로부터 무엇인가를 받을 때 하는 인사말이다.

練習
연습

1 다음은 어느 학생이 일본에서 홈스테이를 할 때의 규칙입니다. 잘 읽고 아래의 표에 표시하세요.

日本でホームステイ

(1) 玄関

ここは玄関です。玄関はうちの入口です。くつでうちに上がらないでください。くつは玄関でぬぎます。ぬいだくつはきちんと並べます。でも、すぐはかないときは、げたばこにしまった方がいいです。

(2) ふろ場

ここはふろ場です。日本のおふろの入り方を説明しましょう。まず、お湯に入るまえに、体を洗います。お湯は家族みんなが使いますから、お湯の中で体を洗わないでください。体を洗ってから、お湯に入ってあたたまります。おふろから出るとき、お湯を捨てないでください。

(3) 食事

茶わんなどをうけとるときは、両手でうけとります。片手でうけとらないでください。ご飯を食べるときは、お茶わんを持って食べてください。

(4)トイレ

トイレに入るときは、トイレのスリッパをはきます。自分のスリッパをはいてトイレに入ったり、トイレのスリッパをはいてトイレの外に出たりしないでください。

(5) たたみの部屋

たたみの部屋に入るときは、入口でスリッパをぬぎます。スリッパをはいてたたみの上を歩かないでください。たたみの部屋では、すわるとき、ざぶとんを使います。

[タスクシート] ○、×를 체크해 보세요.

	する (○)	しないでください (×)
ぬいだくつはきちんと並べる。		
おゆの中で体を洗う。		
お風呂から出るとき、おゆを捨てる。		
お茶わんを持って、ご飯を食べる。		
片手で物をうけとる。		
自分のスリッパでトイレに入る。		
スリッパをはいて、たたみの部屋に入る。		
たたみの部屋ですわるとき、ざぶとんを使う。		

2 (1) 다음과 같은 경우 일본어로 어떻게 말하겠습니까?

a. 남의 집을 방문하여 사람이 있는지 없는지 확인할 때
b. 남의 집을 들어갈 때
c. 방문 시 선물을 건네줄 때
d. 선물을 받을 때

(2) 다음을 일본어로 말해 봅시다.

a. 어서 올라 오세요.

b. 항상 신세지고 있으니까.

c. 건배!

d. 많이 드세요.

ロールプレイ 역할연습

A: 당신은 아오키씨입니다.
오늘은 전에 한국어를 가르쳐 주었던 한국인 대학생을 집에 초대했습니다.
일본음식과 맥주를 준비했습니다.
건배한 후 같이 먹고 마십니다.

B: 당신은 울산대학교 일본어일본학과의 학생입니다.
오늘은 전에 한국어를 가르쳐 드렸던 아오키씨 집에 초대를 받았습니다.
가지고 갈 선물은 당신이 생각하십시오.

第九課

軍隊の生活

場所：青木さんの家
状況：食事が終わり、雑談をしている。

青木：今日は金さんはおとなしいですねえ。

李：実は、洪君が二学期から軍隊に行くんです。
それで、最近元気がないんです。

金：違います。暑いのが苦手なだけです。

青木(妻)：韓国の学生さんは軍隊に行くから、大変ですね。

青木：李君は。

李：僕は三年前、大学に入ってすぐ入隊しましたから、
もう終わりました。

青木(妻)：やっぱり、軍隊の生活は大変でしたか。

李：そうですねえ。自由が全然ありませんでした。
僕は海岸警備で、一日中、銃を持って海を見ていました。暇なんですが、自由はないんです。

青木：大変だねえ。

金　：ねえ、軍隊(ぐんたい)では何(なに)が一番楽(いちばんたの)しいの。

李　：やっぱり手紙(てがみ)だね。僕(ぼく)は初(はじ)めて親父(おやじ)から手紙(てがみ)をもらって、トイレの中(なか)で泣(な)きました。

青木(妻(つま))：じゃあ、金さんも洪君(くん)にたくさん手紙(てがみ)を書(か)くんですね。

李　：今日(きょう)は遅(おそ)くまで失礼(しつれい)しました。

青木(妻(つま))：また遊(あそ)びに来(き)てくださいね。

金　：楽(たの)しかったです。どうもありがとうございました。

青木　：お気(き)をつけて。お休(やす)みなさい。

李·金　：お休(やす)みなさい。

군대 생활
장소 : 아오키 씨의 집
상황 : 식사가 끝나고 잡담을 하고 있다.

아오키 : 오늘은 김양이 기운이 없네.
이 : 사실은 홍군이 2학기부터 군대에 갑니다. 그래서 요즘 기운이 없습니다.
김 : 아녜요. 더위에 약해서일 뿐입니다.
아오키(부인) : 한국 학생은 군대에 가기 때문에 힘들겠군요.
아오키 : 이군은?
이 : 저는 3년 전 대학에 들어와서 곧 입대했기 때문에, 벌써 끝났습니다.
아오키(부인) : 역시, 군대 생활은 힘들었습니까?
이 : 그렇습니다. 자유가 전혀 없었습니다. 저는 해안 경비로, 하루종일 총을 가지고 바다를 보고 있었습니다. 한가는 하지만, 자유는 없습니다.
아오키 : 힘들겠군요.
김 : 저어, 군대에서는 무슨 일이 가장 즐거워요?
이 : 역시 편지이지요. 저는 처음 아버지에게 편지를 받고 화장실에서 울었습니다.
아오키(부인) : 그럼 김양도 홍군에게 편지를 많이 쓰세요.
이 : 오늘은 늦게까지 실례했습니다.
아오키(부인) : 또 놀러와 주세요.
김 : 즐거웠습니다. 매우 고마웠습니다.
아오키 : 조심하세요. 편히 쉬세요.
이 · 김 : 안녕히 주무세요.

内容確認 내용확인

1. 李さんはいつ軍隊に行きましたか。
2. 李さんの軍隊の生活はどうでしたか。
3. 軍隊では何が一番楽しいですか。

解説 해설

1 「元気がない」

우리말의 「기운이 없다, 활기가 없다」에 해당한다.

2 「違います」

「違う(틀리다)」의 정중한 말씨로, 상대방의 말에 이의를 나타낼 때 쓴다.

3 「暑いのが苦手なだけです」

「～が苦手だ」는 「～에 약하다」라는 관용표현이다.

「だけ(뿐, 만)」는 한정의 의미를 나타내는 조사로, 명사, 동사, 형용사 등은 기본형이 그 앞에 오나, 형용동사의 경우는 「苦手な」와 같이 연체형이 온다.

예 英語の本はこれだけです。

私は行くだけです。

ただ安いだけで、中味はよくない。

4 「大変ですね」

「大変だ(대단하다, 굉장하다)」는 힘에 부치거나 어려울 때도 흔히 쓰인다.

5 「V-て」

동사의 뒤에 「て」를 접속시킨 「V-て」는 다음의 경우에 쓰인다.

ⓐ 어떤 동작에서 다른 동작으로 이어지는 경우.

ⓑ 앞의 동작이 뒤의 동작의 원인, 이유, 설명이 되는 경우.

ⓒ 앞뒤의 사항을 나열하는 경우.

예 ⓐ 日本へ行って、大学院に入るつもりです。

ⓑ 風邪を引いて学校を休みました。

ⓒ 歌って、踊って、楽しく過ごしました。

6 「やっぱり」

「やはり(역시)」를 힘준 말이다.

7 「海を見ていました」

「V-ている」는 다음의 세 가지 의미를 나타낸다.

ⓐ 동작의 진행: 움직임을 나타내는 계속동사

(歩く, 食べる, 走る, 話す, 読む)

예 先生と学生が一緒に運動場を走っています。

ⓑ 동작의 결과로서 생긴 상태(立つ, 死ぬ, 乗る, 咲く, 割れる)

예 桜の花が咲いています。

ⓒ 단순한 상태: 항상 「V-ている」의 형태로 상태를 나타낸다.

(似る, そびえる, 秀れる)

예 あなたに似ている人はだれですか。

8 「ねえ」

우리말의 「저어(저기) 있잖아」와 같이 친근한 사이에서만 쓸 수 있는 말이다.

9 「親父」

「おやじ」라고 하여, 남성들이 다른 사람에게 대해 자기 아버지를 일컫는 호칭이다. 같은 관계에서 어머니를 「おふくろ」라고 한다.

10 「お気をつけて(ください)」

「気をつける(주의하다, 조심하다)」라는 관용표현으로써 상대방의 건강을 염려하거나, 길조심 하도록 당부할 때 쓰는 말이다. 친근한 사이나, 손아랫사람에게는 「ください」를 생략하는 것이 보통이다.

11 「お休みなさい」

동사 「休む(쉬다, 자다)」로써 잠자리에 들기 전, 밤에 헤어질 때, 밤에 전화를 끊을 때의 인사말을 만든다.

練習 연습

1 (1) 주어진 단어를 이용하여 아래의 회화를 연습해 봅시다.

모델 회화

(電話での会話)

金: 李さんは今、何をしていますか。

李: ①コーヒーを飲んでいます。

金: 李さんは何をしていますか。

金: ②お菓子を食べています。

a. ① 運動をする。　② ラジオを聞く。

b. ① テレビを見る。　② 掃除をする

c. ① たばこを吸う　② 手紙を書く

d. ①________________　② ______________

(2) 다음 인물묘사 표현을 이용하여 A가 친구나 가족 중 한 명에 관해 설명하면 B는 잘 듣고 그림을 그려 봅시다.

인물묘사 표현

背が高い/低い/普通だ (키가 크다/작다/보통이다)		髪が長い/短い (머리가 길다/짧다)		
やせている/太っている/スマートだ (말랐다/뚱뚱하다/날씬하다)				
カバンをかける/持つ (가방을 메다/들다)	めがねをかける (안경을 쓰다)	帽子をかぶる (모자를 쓰다)		
ネクタイをする (넥타이를 매다)	ブーツを履く (부츠를 신다)	イヤリング(ピアス)をつける (귀걸이를 하다)		
指輪をはめる (반지를 끼다)	大きい/小さい (크다/작다)	シャツ (셔츠)	スカート (치마)	ズボン (바지)

2 (1) 다음과 같은 경우 일본어로 어떻게 말하겠습니까?

a. 친구가 오늘은 힘이 없어 보일 때

b. 남의 집에 방문 후 돌아갈 때

c. 또 놀러 오라고 할 때

(2) 다음을 일본어로 말해 봅시다.

a. 더위를 좀 많이 타요.

b. 역시 군대생활은 힘들어요?

c. 대학생활에서는 뭐가 가장 즐거워요?

d. 조심해서 가세요.

ロールプレイ 역할연습

A: 당신은 일본인 대학생입니다.
한국 군대에 관해 한국인 친구에게 물어보십시오.
군대는 언제 가는지, 누가 가는지, 얼마 동안 가는지, 생활은 어떤지 등 물어보십시오.

B: 당신은 울산대학교 일본어일본학과의 학생입니다.
일본인 친구한테서 한국 군대에 관해 질문을 받았습니다.
질문에 대해 아는 범위 내에서 답해 주십시오.

第十課

映画が見たいんですが

場所：ふじの間

状況：日本語会話の授業が終わったところ

西原：それでは、時間ですから今日はここまでにします。

学生：どうもありがとうございました。

李：あのう、金さん、最近「ピアノ」という映画が上映しているんですが、面白いみたいですよ。

金：あ～、私、前から見たいと思っていました。

李：じゃあ、一緒に見に行きませんか。

金：ええ、いいですよ。

李：いつがいいですか。

金：今度の土曜日の午後はどうですか。

李：じゃあ、土曜日の午後二時に映画館の前で大丈夫ですか。

金：はい、待っています。

(映画館で)

金：少し混んでいますね。あっ、ちょうどここに席がありますよ。座りましょう。

李：金さん、ちょっと待って。僕、飲み物を買って来ますから。何がいいですか。

金：そうですねえ。私、コーラにします。

(コーラを買ってきて)

李：はい、どうぞ。

金：どうもありがとう。あのう李先輩、ポップコーンも食べたいんですが。

李：わかりました。今、買ってきます。

(ポップコーンを買ってきて)

李：はい、どうぞ。

金：どうもありがとう。

(映画が終わって)

金：とってもおもしろい映画でしたね。

李：そうですね。

金：あのう、パンフレットがほしいんですが。

李：ちょっと待っていてください。

(パンフレットを持ってきて)

李：はい、どうぞ。

金：どうもありがとう。李先輩は本当に優しいですね。

영화를 보고 싶습니다만
장소 : 후지노마
상황 : 일본어 회화 수업이 끝났을 때

니시하라 : 그럼, 시간이 되었기 때문에 오늘은 여기까지로 하겠습니다.
학생 : 매우 감사합니다.
이 : 저, 김 미진 씨, 최근 「피아노」라는 영화가 상영되고 있습니다. 재미있는 것 같아요.
김 : 아, 저도 전부터 보고 싶다고 생각하고 있었습니다.
이 : 그럼, 함께 보러 가지 않겠습니까?
김 : 네, 좋습니다.
이 : 언제가 좋습니까?
김 : 이번 토요일 오후는 어떻습니까?
이 : 그럼, 토요일 오후 2시에 영화관 앞에서 괜찮습니까?
김 : 네, 기다리고 있겠습니다.
(영화관에서)
김 : 조금 붐비는군요. 아, 마침 여기에 자리가 있습니다. 앉읍시다.
이 : 김 미진 씨, 잠시 기다려요. 마실 것을 사 오겠습니다. 뭐가 좋아요?
김 : 음, 저, 콜라로 하겠습니다.
(콜라를 사와서)
이 : 네, 여기 있어요.
김 : 매우 고맙습니다. 저어, 이선배, 팝콘도 먹고 싶습니다만.
이 : 알겠습니다. 지금 사 올게요.
(팝콘을 사와서)
이 : 네, 여기 있어요.
김 : 매우 고맙습니다.
(영화가 끝난 후)
김 : 무척 재미있는 영화였네요.
이 : 그렇네요.
김 : 저어, 저 팸플릿을 갖고 싶은데요.
이 : 잠시 기다려 주세요.
(팸플릿을 가지고 와서)
이 : 네, 여기 있어요.
김 : 매우 고마워요. 이선배는 정말 친절하네요.

内容確認(ないようかくにん)
내용확인

1. 李さんは金さんにどこへ行(い)こうと誘(さそ)いましたか。
2. 李さんと金さんはいつ、どこで待(ま)ち合(あ)わせしますか。

3. 金さんは何が飲みたいと言いましたか。

4. 金さんが食べたいのは何ですか。

5. 映画はどうでしたか。

解説 해설

1 「NというN」

「～라고 하는 ～」의 의미를 나타내는데, 「いう(말)하다」를 「する(하다)」로 쓰지 않도록 주의해야 한다.

예 蔚山という都市は韓国のどちらにありますか。

2 「V-たい」

「たい」는 동사의 연용형에 접속하여 말하는 사람이나 상대방의 희망을 나타낸다. 「たい」는 형용사 활용을 하므로, 부정형은 「V-たくないです(ありません)」로 된다.

예 どこか旅行に行きたいです。
そういうことはやりたくありません。

1인칭:	わたし	V 연용형＋たい／たいです。
2인칭:	あなた	V 연용형＋たい／たいですか。
3인칭:	田中さん	V 연용형＋たがっている／たがっています。

3 「～と思います(思っています)」

단정을 보다 부드럽게 나타내는 표현으로, 우리말의 「～인 것 같다」「～라고 생각한다」에 해당한다.

예 彼はまじめな人だと思います。

まもなく会議が始まると思います。

やさしいと思う人は一人もいませんでした。

本当に残念だと思います。

❹「見に行きませんか」

「보러 가지 않겠습니까」와 같이 부정형으로써 가벼운 권유의 기분을 나타낼 수 있다.

❺「Nにする」

어떤 일(것)을 선택하는 표현으로, 선택 대상물의 뒤에 조사「に」가 온다.

예 何にしますか。私はアイスクリームにします。

❻「Nがほしい」

「ほしい」는 1인칭과 2인칭의 화자가 어떤 대상물을 갖고 싶어하는 기분을 나타내며, 그 대상물 뒤에 조사「が」를 쓴다. 이에 비해, 제3자가 갖고 싶어하는 경우는「Nをほしがる」라는 문형으로 나타낸다.

예 デジタルカメラが一番ほしいです。

弟は携帯電話をほしがっています。

1인칭: わたし	명사 が＋ほしい／ほしいです。
2인칭: あなた	명사 が＋ほしい／ほしいですか。
3인칭: 田中さん	명사が＋ほしがっている／ほしがっています。

☞ 회화에서「デジタルカメラ」는「デジカメ」,「携帯電話」는「ケイタイ」로 줄여서 말을 하기도 한다.

練習(れんしゅう)
연습

1 다음은 희망사항을 묻는 질문입니다. 3,4인이 그룹이 되어 서로 물어 봅시다. (⑩은 각자 질문을 생각하십시오.)

Q [보기] 金さんは今(いま)、何(なに)がしたいですか。

	わたし	さん	さん
① 今(いま)、したいこと			
② 行(い)きたいところ			
③ 今(いま)、食(た)べたいもの			
④ 会(あ)いたい人(ひと)			
⑤ 最近(さいきん)、見(み)たい映画(えいが)			
⑥ 一度(いちど)、住(す)んでみたい国(くに)			
⑦ 付(つ)き合(あ)ってみたい芸能人(げいのうじん)			
⑧ 最近(さいきん)、読(よ)みたい本(ほん)			
⑨ 今(いま)、ほしいもの			
⑩			

2 (1) 다음과 같은 경우 일본어로 어떻게 말하겠습니까?

a. 영화를 같이 보러 가자고 할 때

b. 상대방의 일정이 어떤지 물어 볼 때

c. 상대방에게 뭘 마시고 싶냐고 물어볼 때

(2) 다음을 일본어로 말해 봅시다.

a. 저도 전부터 (그 영화) 보고 싶었어요.

b. 기다리고 있을게요(기다릴게요).

c. 저, 팸플릿을 갖고 싶은데요.

ロールプレイ 역할연습

A: 당신은 일본에서 유학 온 대학생입니다.
한국인 친구와 이번 주 토요일에 만나기로 했습니다.
전화를 해서 무엇을 할 것인지, 어디에서 만날지, 몇 시에 만날지 정하십시오.

B: 당신은 울산대학교 일본어일본학과의 학생입니다.
일본인 친구와 이번 주 토요일에 만나기로 했습니다.
그 친구한테서 전화가 왔습니다.
당신이 하고 싶은 것을 말하십시오.

クィズ日本(にほん)

퀴즈 일본 ??

Q 일본에 대해 어느 정도 알고 있어요?

a. 日本(にほん)はアジア(あじあ)大陸(たいりく)のどちら側(がわ)にありますか。

(東(ひがし)・西(にし)・南(みなみ)・北(きた))

b. 日本(にほん)で一番高(いちばんたか)い山(やま)は、何(なん)という山(やま)ですか。

(九重山(くじゅうさん)・阿蘇山(あそさん)・富士山(ふじさん)・大雪山(だいせつざん))

c. 日本(にほん)で一番大(いちばんおお)きい島(しま)の名前(なまえ)は何(なん)ですか。

(北海道(ほっかいどう)・本州(ほんしゅう)・四国(しこく)・九州(きゅうしゅう))

d. 日本(にほん)のお金(かね)の単位(たんい)は何(なん)ですか。

(円(えん)・元(げん)・ドル・ウォン)

e 日本の国の花は何ですか。

(さくら · きく · ゆり · ばら)

f 12月はどの季節ですか。

(春 · 夏 · 秋 · 冬)

g 日本の首都はどこですか。

(東京 · 大阪 · 京都 · 長野)

h 日本の国技はどれですか。

(すもう · 柔道 · 野球 · サッカー)

i 日本の高校は何年ですか。

(2年 · 3年 · 4年 · 5年)

j 女の子のおまつりの名前は何ですか。

(ひなまつり · たなばた · 七五三 · お正月)

k 雪祭りで有名な町はどこですか。

(横浜 · 名古屋 · 札幌 · 長崎)

l 東京から大阪まで新幹線で何時間かかりますか

(1時間半 · 2時間半 · 4時間)

m 日本人は春になると公園で何をしますか。

(お花見 · 花火 · いちご狩り)

Q 몇 개 맞았어요?

第十一課

夏休みの計画

場所：ふじの間

状況：授業の後

西原：夏休みはどうするんですか。

金：私は学院に行こうと思っています。

李：何の学院ですか。

金：コンピューターの学院です。

西原：コンピューターですか。もう必須のものになりましたね。

金：それに、就 職の役にも立つし。

李：一人で行くんですか。

金：いいえ、友達と一緒に行くつもりです。

西原：そうですか。がんばってください。

金：はい、がんばります。ところで、李先輩は何をするつもりですか。

李：僕は八月に洪君と一緒に慶州の山を歩く予定です。

西原：あの南山の辺(あた)りですか、お寺(てら)や石仏(せきぶつ)がたくさん残(のこ)っている。

李：そうです。二(に)、三日(さんにち)キャンプするつもりです。

金：わあ、大変(たいへん)でしょうねえ。

西原：でも、慶州なら空気(くうき)もおいしいし、楽(たの)しいでしょうね。
僕(ぼく)も一緒(いっしょ)に行(い)きたくなってしまうよ。

李：先生(せんせい)も一緒(いっしょ)に行(い)きましょう。

여름 방학 계획
장소 : 후지노마
상황 : 수업 후

니시하라 : 여름 방학은 어떻게 보낼 겁니까?
김 : 저는 학원에 다니려고 생각합니다.
이 : 무슨 학원입니까?
김 : 컴퓨터 학원입니다.
니시하라 : 컴퓨터입니까? 이젠 필수가 되었지요.
김 : 게다가 취직에도 도움이 되고 해서.
이 : 혼자서 다닐 겁니까?
김 : 아니요, 친구와 함께 다닐 예정입니다.
니시하라 : 그렇습니까? 열심히 하세요.
김 : 예, 열심히 하겠습니다. 그런데 이 상호 선배는 무엇을 할 예정입니까?
이 : 저는 8월에 홍군과 함께 경주에 있는 산을 걸을 예정입니다.
니시하라 : 그 남산 주위입니까? 절과 석불이 많이 남아 있는…
이 : 그렇습니다. 이삼 일간 캠핑할 작정입니다.
김 : 와, 힘들겠네요.
니시하라 : 그래도 경주라면 공기도 좋고 재미있을 것입니다. 나도 함께 가고 싶어집니다.
이 : 선생님도 함께 갑시다.

内容確認
내용확인

1 金さんの夏休みの計画は何ですか。

1-1. 金さんはなぜそんな計画を立てたと思いますか。

2 李さんの夏休みの計画は何ですか。

3 西原先生は李さんの計画についてどう思っていますか。

解説
해설

1 「V-う(よう)と思う」

동사의 의지형 「V-う(よう)」에 「～と思う」를 붙여서, 앞으로 어떤 일을 하고자 함을 나타낸다.

예 車を一台買おうと思います。

彼に会ってみようと思う。

今度の日曜日に山へ行って来ようと思います。

2 「役にも立つし」

「役に立つ」는 「도움이 된다」는 의미를 나타내는 관용표현이다.

「～し」는 어떤 것의 이유 중에서 특히 하나를 들어서 말할 때에 쓴다.

예 仕事もないし、困りましたね。

3 「V-つもりだ」「V-予定だ」

「つもり」는 동사의 기본형 뒤에 와서, 확정된 것은 아니나 앞으로 하고자 하는 바를 나타낸다. 이에 비해, 「予定」는 확정된 예정을 나타낸다.

예 これからどうするつもりですか。

午後の飛行機で帰国する予定です。

4 「がんばってください」「がんばります」

「がんばる(분발하다, 애쓰다, 노력하다)」는 격려하는 사람과 듣는 사람의 말이 각각 「がんばってください(잘 하세요)」「がんばります(잘 해보겠습니다)」로 나뉜다. 그러나 손윗사람에게는 쓸 수 없음은 우리말의 감각과 같다.

5 「～なら」

「ならば(이라면)」로도 쓰이며, 그 앞에 오는 말을 조건으로 들어 나타낸다. 특히 체언 뒤에 많이 쓰인다.

예 明日ならかまいません。

6 「～なる」

변화를 나타내는 동사 「なる(되다)」는 형용사에 이어질 때는 「い」가 「く」로 바뀌어 「A-くなる」의 형으로 되고, 명사나 형용동사의 어간에 이어질 때는 「～になる」로 된다.

예 だいぶ暑くなりましたね。

私は将来、物理学者になりたいです。

彼女はこのごろ急にきれいになりました。

7 「-てしまう」

「しまう(끝내다, 치우다, 넣다)」는 「V-てしまう(～해 버리다, ～고 말다)」와 같이 보조동사로 많이 쓰이는데, 앞에 오는 그 동작이 이미 끝난 것을 나타낸다.

예 ここまで三十分もかかってしまいました。

또, 친구 사이에서는 「V-てしまう(~해 버리다, ~고 말다)」는 단축시켜서 「ちゃう」의 형태로 많이 쓰인다.

V연용형＋てしまう／てしまった／てしまいました。
　　＋ちゃう／ちゃった／ちゃいました。　(준말, 회화체)

예 電車が遅れちゃって＝電車が遅れてしまって

練習 연습

1 (1) 다음 모델회화를 참고로 친구에게 여행계획에 대해서 물어보고 워크시트에 쓰세요.

모델회화

A：Bさん、ちょっとすみません。夏休みにどこへ行きますか。
B：ソウルへ行こうと思っています。
A：わあ、いいですね。何で行くんですか。
B：車で行くつもりです。
A：何をするんですか。
B：ロッテワールドへ行こうと思っています。

워크시트

名前(なまえ)	どこへ?	何(なに)で?	何(なに)をする?
わたし			
さん			
さん			

(2) 다음의 기입 예를 보고 정리시트에 쓰세요.

정리시트 기입 예

私(わたし)は慶州へ行(い)く予定(よてい)です。そこで友達(ともだち)と写真(しゃしん)を撮(と)ろうと思(おも)っています。
でも、Bさんの計画(けいかく)もとてもいいと思(おも)いました。
いつか、私(わたし)もロッテワールドへ行(い)きたいです。

정리시트

私(わたし)は____________________ 予定(よてい)です。
そこで____________________ と思(おも)っています。
でも、____________ さんの計画(けいかく)もとてもいいと思(おも)いました。
いつか、私(わたし)も____________________たいです。

2 (1) 다음과 같은 경우 일본어로 어떻게 말하겠습니까?

a. 여름방학 계획을 물어볼 때
b. 열심히 하라고 격려할 때
c. 상대방의 계획을 듣고 같이 하고 싶을 때

(2) 다음을 일본어로 말해 봅시다.

a. 이젠 필수가 되었지요.

b. 게다가 취직에도 도움이 되고요.

c. 친구와 같이 갈 겁니다.

ロールプレイ 역할연습

A: 당신은 일본에서 유학 온 대학생입니다.
당신은 여름방학 때 일본에 돌아가서 여행을 하려고 합니다.
여행 계획은 아래와 같습니다.
(날짜는 당신이 정하십시오)
· 날짜: 　　월 　　일부터 　　월 　　일까지
· 장소: 오사카 1박-교토 2박-고베 1박 (4박 5일)

B: 당신은 울산대학교 일본어일본학과의 학생입니다.
일본인 친구한테 여름방학 계획을 물어보십시오.
친구 계획을 듣고 당신도 가고 싶어집니다.

第十二課

鍵を忘れてしまったんです。

場所：20号館の前の駐車場

前提：西原先生が車の前に立っている。

金　：先生、こんにちは。どうしたんですか。

西原：実は、車の鍵を置いたままドアを閉めてしまったんです。

それで、研究室にも入ることができないんです。

金　：鍵はもう一つありませんか。

西原：家にありますが、家の鍵も車の中にあるんです。どうしよう。

金　：李先輩だったら、鍵がなくても開けることができると思います。

西原：李君はどこにいますか。

金　：たぶん資料室にいると思います。呼んで来ます。

西原：悪いけどお願いします。

(李君が針金をもって現れる)

西原：李君、悪いね。

李：大丈夫です。僕、軍隊にいるとき、先生と同じことをしましたが、針金を使って開けることができたんです。

西原：じゃあ、やってみてください。

李：これをこうして…よいしょ。できました。

金：先生、よかったですね。

西原：おかげさまで研究室にも入ることができるし、家に帰って食事することもできますね。金君、李君、本当にありがとう。

李·金：いいえ、どういたしまして。

注意：日本ではこの行為は犯罪になります。

열쇠를 잊어 버렸습니다.
장소 : 20호관 앞의 주차장
전제 : 니시하라 교수가 차 앞에 서 있다.

김 : 교수님 안녕하세요? 어떻게 된 일입니까?
니시하라 : 사실은 차 안에 열쇠를 넣어두고 내려 버렸어요. 그래서 연구실에도 들어갈 수가 없습니다.
김 : 열쇠는 하나 더 없습니까?
니시하라 : 집에 있지만, 집의 열쇠도 차 속에 있습니다. 어쩌지….
김 : 이 상호 선배라면, 열쇠가 없어도 열 수 있다고 생각합니다.
니시하라 : 이군은 어디 있습니까?
김 : 아마 자료실에 있을 겁니다. 불러오겠습니다.
니시하라 : 미안하지만 부탁합니다.
(이군이 철사를 가지고 나타난다)
니시하라 : 이군 미안하네.
이 : 괜찮습니다. 저 군대에 있을 때 교수님과 똑같은 일을 했습니다만, 철사를 이용해서 열 수 있었습니다.
니시하라 : 그럼, 해보세요.
이 : 이것을 이렇게 해서… 영차, 됐습니다.
김 : 교수님, 다행이에요.
니시하라 : 덕분에 연구실에도 들어갈 수 있고 집에 돌아가서 식사할 수도 있겠네요. 김양, 이군, 정말로 고마워요.
이 : 김 : 아니요, 천만에요.

* 주의: 일본에서 이 행위는 범죄입니다.

内容確認 내용확인

1 西原先生はどうして車の前に立っていましたか。

1-1. 鍵はどこにありますか。

2 金さんはその解決法を知っていますか。

2-1. 金さんはどうしたらいいと言っていますか。

3 李さんはどうやって西原先生を助けましたか。

解説 해설

1 「どうしたんですか」

우리말의 「어떻게 된 겁니까」 「웬일이에요」에 해당하는데, 상대방의 일을 염려하며 묻는 말이다.

2 「V-ことができる」

일본어의 가능표현은 동사 「できる(～을 할 수 있다)」가 가장 기본적으로 쓰이며, 「V-ことができる(～할 수 있다)」의 문형이 많이 쓰인다.

예 あなたは車を運転することができますか。

3 「V-ない」

「ない」는 부정형을 만드는 조동사로, 상하1단 동사는 어간, 5단동사는 미연형에 각각 접속되며, カ행변격동사는 「こーない」, サ행변격동사는 「しーない」로 된다.

예 たばこを吸わないほうがいいです。

こんなやさしいことができないのですか。

彼は来ないかも知れません。

4 「どうしよう」

우리말의 「어떻게 하지」 「어쩌면 좋지」에 해당하는데, 곤란한 일을 당했을 경우 등에 혼잣말처럼 하는 말이다.

5 「A-くて」

형용사로 앞뒤의 문장을 연결할 때, 어미 「い」를 「く」로 바꾸고 「て」를 붙인다. 이는 앞뒤의 사항을 나열할 때나 앞의 사항이 뒤의 것의 원인, 이유, 설명이 될 때 쓰는 용법이다. 여기에 「も」가 붙어서 「～어도」와 같이 앞문장과 뒤 문장의 의미가 반대가 되는 용법도 있다.

예 あたたかくて明るい雰囲気でした。

あまり痛くて、もう歩くことができません。

天気が悪くても行ないます。

6 「悪いけど」「悪いね」

다른 사람에게 무엇인가 부탁할 때 「미안하지만, 안됐지만」 「미안해」 정도의 의미로 하는 말이다. 동격이나 아랫사람에게는 쓸 수 있지만, 웃어른에게는 쓸 수 없는 표현이다.

7 「大丈夫ですよ」

「괜찮아, 염려 없어」의 의미로, 어떤 일에 자신 있거나 확신하는 기분을 나타낸다.

8 「よいしょ」

힘들여 어떤 일을 할 때, 혹은 어떤 동작을 하고자 할 때에 내는 소리이다.

9 「～し、～し」

여러 개의 사실을 이유나 원인으로 나열하는 표현이다.

예 雨(あめ)は降(ふ)るし、風(かぜ)は吹(ふ)くし、どうしようかな。

練習(れんしゅう) 연습

1 주어진 단어를 이용하여 아래의 회화를 연습해 봅시다.

모델 회화

金：李さんはどんな①人(ひと)が好(す)きですか。

李：そうですねぇ。私(わたし)は②可愛(かわい)くて、やさしい人(ひと)が好(す)きです。金さんはどうですか。

金：私(わたし)は③ハンサムで、まじめな人(ひと)が好(す)きです。

a. ①料理(りょうり)　② 甘(あま)い&辛(から)い　③ すっぱい&刺激(しげき)が強(つよ)い

b. ①映画(えいが)　② 面白(おもしろ)い&ストーリーがいい　③ 悲(かな)しい&涙(なみだ)が出(で)る

c. ①店(みせ)　② 静(しず)かだ&安(やす)い　③ にぎやかだ&美味(おい)しい

d. ①______ ② ________________ ③ ________________

2 (1) 다음과 같은 경우 일본어로 어떻게 말하겠습니까?

a. 상대방한테 무슨 일이 있는 듯이 보일 때

b. 곤란한 일 등으로 어떻게 해야 할지 모를 때

c. 그 사람이라면 꼭 할 수 있다고 생각할 때

(2) 다음을 일본어로 말해 봅시다.

a. 버스 안에 가방을 두고 내려 버렸어요.

b. 아마 학교에 있을 거예요.

c. 괜찮아요.

ロールプレイ 역할연습

A: 당신은 일본에서 유학 온 대학생입니다.
당신은 지난 주에 친구한테 디지털카메라를 빌려 주었습니다.
그런데 그 친구가 부주의로 디지털카메라를 고장 냈다고 합니다.
그 카메라는 일본에 있는 어머니로부터 생일 선물로 받은 것으로 당신에게는 아주 소중한 카메라입니다.

B: 당신은 울산대학교 일본어일본학과의 학생입니다.
당신은 지난 주에 일본인 친구한테 디지털카메라를 빌렸습니다.
그런데 당신의 부주의로 그 디지털카메라가 고장 나 버렸습니다.
친구에게 이것에 관해 말하고 사과하십시오.

第十三課

事故

場所：金さんの家

前提：金さんと李君はドライブに行く約束をしているが、李君が約束の時間に金さんの家に来ない。

李　：もしもし、金さんのお宅ですか。

金の母：はい、そうですが。

李　：蔚山大学の李と申しますが、金美珍さんいますか。

金の母：はい、少々お待ちください。

金　：もしもし、お電話かわりました。

李　：もしもし、李です。

金　：李先輩、どうしたんですか。約束の時間にもう一時間も遅れていますよ。

李　：金さん、すみません。実はまだ工業塔の辺りにいるんです。事故にあってしまったんです。

金　：えっ！李先輩、何か怪我しませんでしたか。

李：ええ。僕は大丈夫です。ちゃんと歩けるし、どこも痛くありません。でも車が壊れてしまって、動かないんです。

金：そうですか。

李：だから、今日の約束は守れません。ごめんなさい。

金：いえいえ、気にしないでください。それより李先輩に怪我がなくてよかった。ドライブはいつでも行けますから。

李：じゃあ、また連絡します。

金：気をつけてくださいね。さようなら。

사 고

장소 : 김양의 집

전제 : 김양과 이군은 드라이브 하러 갈 약속을 했지만 이군이 약속 시간에 김양의 집에 오지 않는다.

이 : 여보세요, 김 미진 씨 집입니까?

김의 어머니 : 네 그렇습니다만.

이 : 울산대학의 이라고 합니다만, 김 미진 씨 있습니까?

김의 어머니 : 네, 잠시 기다려 주세요.

김 : 여보세요. 전화 바꿨습니다.

이 : 여보세요, 이입니다.

김 : 이 상호 선배, 어찌된 일입니까? 약속 시간에 벌써 1시간이나 늦었어요.

이 : 미안해요. 실은 아직 공업탑 주위에 있습니다. 사고를 당하고 말았어요.

김 : 아니! 선배님 어디 다치지 않았습니까?

이 : 네, 나는 괜찮습니다. 똑바로 걸을 수 있고, 아무데도 안 아파요. 하지만 차가 부서져 버려서 움직이지 않습니다.

김 : 그렇습니까?

이 : 그래서 오늘 약속은 지킬 수 없습니다. 죄송합니다.

김 : 아녜요. 신경 쓰지 마세요. 그보다 이선배님 다치지 않아서 다행이예요. 드라이브는 언제라도 갈 수 있으니까.

이 : 그럼, 또 연락하겠습니다.

김 : 조심하세요. 안녕.

内容確認(ないようかくにん) 내용확인

1. 金さんと李さんはどんな約束(やくそく)をしていましたか。
2. 李さんはなぜ金さんの家(いえ)に来(く)ることができませんでしたか。
3. 李さんは怪我(けが)しましたか。
4. 金さんは李さんとドライブに行(い)けなくて怒(おこ)っていますか。

解説(かいせつ) 해설

1 「お電話(でんわ)かわりました」

우리말의 「전화 바꾸었습니다」의 의미이다.

2 「Nにあう」

「あう(만나다)」는 그 대상어에 「を」가 아니라 「に」를 붙여야 한다.

예 一度(いちど)彼(かれ)に会(あ)ってみたいです。

3 「歩(ある)けるし」

일본어 5단활용동사는 「歩(ある)く-歩(ある)ける」와 같이 하1단활용동사로 바꾸면 가능의 뜻을 나타낸다.

예 あなたは日本語で話せますか。

今のところ何も言えません。

みんなよく泳げますから、安心してください。

練習 연습

1 다음의 모델회화를 참고로 아래의 표의 1～5까지 친구와 이야기해 보세요.

모델회화

李：金さん、今週の土曜日テニスしに行きませんか。

金：行きたいけど、私はテニスができません。

李：そうですか。残念ですね。じゃあ、どんなスポーツができますか。

金：私は水泳が好きです。上手じゃないですが･･･ 李さんは水泳ができますか。

李：ええ、自由形はできますけど、他のはできません。運動神経がにぶくて･･･

金：私も一緒です。(笑)

	できること	好きなこと	제한적으로 잘하는 것
1．料理を作る			
2．スポーツをする			
3．外国語を話す			
4．運転する			
5．お酒を飲む			

2 (1) 다음과 같은 경우 일본어로 어떻게 말하겠습니까?

a. 친구 집에 전화하여 가족이 받았을 경우 자신의 이름을 말하고 친구를 바꿔 달라고 할 때

b. 전화를 다른 사람으로부터 돌려받았을 때

c. 약속을 지킬 수 없게 되어 사과할 때

(2) 다음을 일본어로 말해 봅시다.

a. 잠시만 기다리세요.

b. 좀 사고가 있었어요.

c. 조심하세요.

ロールプレイ 역할연습

A: 당신은 일본인 대학생 미키입니다.
다음 주에 한국인 친구가 일본에 놀러옵니다.
그 친구한테서 집으로 전화가 왔는데 어머니가 받았습니다.
다음 주에 그 친구와 언제, 어디에서 만날지 정하십시오.

B: 당신은 울산대학교 일본어일본학과의 학생입니다.
다음 주에 일본으로 여행을 갈 예정입니다.
일본에 가서 친구 미키를 만나기로 했습니다.
미키에게 전화를 해서 약속을 정하십시오.

C: 당신은 미키의 어머니입니다.
미키 친구인 한국인 대학생으로부터 전화가 왔습니다.
미키를 바꿔 주십시오.

第十四課

病気かも知れません

場所：20号館の前

前提：李君は先週の授業を休んだので、十日ぶりに西原先生と会う。

西原：李君、ひさしぶりですね。先週の授業、どうしたんですか。

李：あ、先生。先週は申し訳ありませんでした。ちょっと病院に行って来たんです。

西原：そうだったんですか。どこか体の調子が悪かったんですか。

李：いいえ、そうじゃないんです。土曜日に交通事故を起こしてしまったんです。どこも痛くなかったんですが、どこか悪いところがあるかも知れないと思って病院で検査を受けたんです。

西原：それで、検査の結果はどうだったんですか。

李：どこも悪いところはなかったんです。

西原：それはよかったですね。

李：ええ、僕も病院に行っておいてよかったと思います。これで心配なく勉強できますからね。

西原：私(わたし)もそれを聞(き)いて安心(あんしん)しました。ところで、今度(こんど)の授業(じゅぎょう)の宿題(しゅくだい)ですが。

李：あ、急(きゅう)にお腹(なか)が痛(いた)くなってきた。

병일지도 모릅니다.
장소 : 20호관 앞
전제 : 이군은 지난주 수업을 쉬었기 때문에, 열흘 만에 니시하라 교수님과 만난다.

니시하라 : 이군, 오랜만이군요. 지난주 수업 어찌된 겁니까?
이 : 아, 교수님 안녕하세요? 좀 병원에 갔다 왔어요.
니시하라 : 그랬습니까? 어딘가 몸이 안 좋았어요?
이 : 아니오, 그렇지 않습니다. 토요일에 교통사고를 일으키고 말았어요. 아무데도 아프지 않았습니다만, 어딘가 나쁜 곳이 있을지도 모른다고 생각해서 병원에서 검사를 받은 겁니다.
니시하라 : 그래서, 검사의 결과는 어땠습니까?
이 : 아무데도 나쁜 곳은 없었습니다.
니시하라 : 그것 다행이군요.
이 : 네, 저도 병원에 가두기를 잘했다고 생각합니다. 이것으로 걱정 없이 공부할 수 있기 때문에.
니시하라 : 나도 그 말을 들어서 안심했습니다. 그런데, 이번 수업의 숙제입니다만.
이 : 아, 갑자기 배가 아파오네.

内容確認(ないようかくにん) 내용확인

1. 李さんはなぜ先週(せんしゅう)の授業(じゅぎょう)を休(やす)みましたか。
2. 検査(けんさ)の結果(けっか)はどうでしたか。
3. 李さんはなぜ急(きゅう)にお腹(なか)が痛(いた)くなりましたか。

解説
해설

1 「ひさしぶりですね」

「오랜만이군요」라는 의미의 인사말이다.

2 「～かも知れない」

다른 말의 뒤에 붙어 「～일지도 모른다」와 같이 불확실한 의미를 나타낸다.

예 彼は会社員かも知れません。

お客さんが来るかも知れないから、掃除をしましょう。

ここにはないかも知れません。

3 「V-ておく」

「置く(놓다, 두다)」가 보조동사로 쓰여, 앞의 동사의 상태를 지속시켜 주거나, 앞으로의 일에 대비하는 의미를 나타낸다.

예 入場券を買っておきました。

4 「N-できる」

する동사의 가능표현은 「勉強する-勉強できる」 「連絡する-連絡できる」와 같이 「する」를 가능동사 「できる」로 바꾸어 나타낸다.

5 「V-てくる」

「来る」는 어떤 장소에서 다른 장소로 이동하는 것을 나타내는데, 이 때 착점은 항상 화자나 화자의 마음이 있는 곳이다. 이런 용법은 확장되어 시간이동이나 어떤 상태가 다른 상태로의 변화를 나타내는 상태변화에도 쓰이는데,

이 때에는 화자의 입장에서 말함을 나타내는 용법이다. 특히 상태변화를 나타내는 「-てくる」는 우리말의 「-어 오다」와 대응하지 않는 경우가 많다.

대응하지 않는 **예** だんだん暖(あたた)かくなってきた。

雨(あめ)が降(ふ)ってきた。

生(う)まれてくる子(こ)ども。

대응하는 **예** 一人(ひとり)で生(い)きてきました。

練習(れんしゅう) 연습

1 비관론자와 낙관론자는 같은 상황을 보고도 다르게 해석합니다. 당신은 어느 쪽입니까? 아래의 표의 각 사항을 비관론자와 낙관론자로 나누어 말해 봅시다.

보기

道(みち)が込(こ)んでいます。

(悲観論者(ひかんろんしゃ)) A：ああ、もう遅(おく)れるかもしれませんね。
もう遅(おく)れるでしょう。

(楽観論者(らっかんろんしゃ)) B：大丈夫(だいじょうぶ)、間(ま)に合(あ)うかもしれませんよ。
たぶん間(ま)に合(あ)うでしょう。

悲観 例	楽観 例
雨が降る	雨が降らない
いない	寝ている
もう来ない	5分あとで来る
帰った	まだいる
風邪を引いた	すぐ治る
明日も0点だ	明日は100点だ
なくした	うちにある
明日までにできない	明日までにできる
病気がひどくなる	すぐ元気になる

2 (1) 다음과 같은 경우 일본어로 어떻게 말하겠습니까?

a. 웃어른에게 사죄할 때

b. 어디 몸이 아프냐고 물을 때

c. 상대방의 질문에 그렇지 않다고 부정할 때

(2) 다음을 일본어로 말해 봅시다.

a. 정말 다행이네요.

b. 그 말을 듣고 안심했습니다.

c. 갑자기 배가 아파.

ロールプレイ 역할연습

A: 당신은 니시하라 교수님입니다.
학생B가 지난 주에 연락도 없이 결석을 했습니다.
학생B에게 결석한 이유를 묻고 그 이유가 타당하지 않다면 주의를 주십시오.

B: 당신은 울산대학교 일본어일본학과의 학생입니다.
지난 주에 니시하라 교수님 수업을 결석했습니다.
왜 결석했는지 교수님께 설명하십시오.
결석 이유는 당신이 생각하십시오.

知っておけば便利な一言

사과표현

ごめんなさい、すみません、申し訳ありません

日本語の謝る表現は「ごめんなさい、すみません、申し訳ありません」などがあります。これらは相手によってその使い方が違ってきます。

目下や友達には「ごめんなさい」を使う場合が多いです。軽く悪いことを表す時は 「ごめん」「ごめんね」などを使う場合もあります。

「すみません」は友達にも目上にも使えますが、口癖で使う人も多く、本当に謝る時は一番丁寧な「申し訳ありません」を使った方がいいです。

また 「すみません」は、お店や道などで店員や知らない人を呼びかける時や感謝を表す場面でも使われます。

第十五課

秋の行楽シーズン

場所：市内のあるテパートの前

前提：青木(妻)と金美珍と洪賢秀が偶然出会う。

青木：あ、金さんと洪君じゃありませんか。今日はデートですか。

洪：いいえ、違います。ちょっと一緒に歩いているだけです。

金：青木さんこそ今日はお一人ですか。

青木：ええ、今日主人は、会社でしなくちゃいけない仕事があるので、一人で買い物に来ました。

洪：そうですか。よかったらコーヒーでも飲みに行きませんか。

青木：いいですね。ちょうどのどが渇いていたんです。さあ、行きましょう。

(inで)

金：ユジャチャ飲んだことありますか。

青木：ユジャチャって何ですか。

金：ゆずのお茶です。とてもおいしいので、一度試してみてください。

青木：じゃあ、そうしましょう。

洪：ところで、奥さんが韓国に来てから何か月たちましたか。

青木：そうですね。もう五か月たちました。早いですね。

金：韓国の生活はどうですか。もう慣れましたか。

青木：ええ。気候も日本とだいたい同じなので、あまり苦労はしませんでした。ただ韓国の食事は日本のものより辛いので、外で食事をする時苦労しました。でも今では、辛い物でもおいしいと感じるようになりました。

洪：ああ、そうですか。それはよかった。ところで、慶州には行ったことありますか。

青木：いいえ、まだです。どんな所ですか。

金：慶州は新羅の都がだった所で、韓国で一番有名な観光地です。

青木：そうですか。行ってみたいですね。

洪：それに秋には紅葉がとてもきれいなんですよ。

青木：韓国のほうが日本より雨が少ないから、紅葉はもっときれいでしょうね。

가을 행락 시즌
장소 : 시내의 어느 백화점 앞
전제 : 아오키(처)와 김 미진, 홍 현수가 우연히 만난다.

아오키 : 아, 김양과 홍군 아닙니까? 오늘은 데이트합니까?
홍 : 아니요, 아닙니다. 잠시 함께 걷고 있을 뿐입니다.
김 : 아오키씨야말로 오늘은 혼자입니까?
아오키 : 예, 오늘 남편은 회사에서 하지 않으면 안 되는 일이 있기 때문에, 혼자서 쇼핑 왔습니다.
홍 : 그렇습니까? 괜찮으시면 커피라도 마시러 가지 않겠습니까?
아오키 : 좋아요, 마침 목이 말랐습니다. 자, 갑시다.

(in에서)
김 : 유자차 마신 적 있습니까?
아오키 : 유자차라니 뭐예요?
김 : 유자로 만든 차예요. 매우 맛있으니까 한번 시험 삼아 드셔 보세요.
아오키 : 그럼, 그렇게 하겠습니다.
홍 : 그런데 부인이 한국에 온 지 몇 개월이 지났습니까?
아오키 : 글쎄요. 벌써 5개월 지났습니다. 빠르군요.
김 : 한국의 생활은 어떻습니까? 이제 익숙해졌습니까?
아오키 : 네, 기후도 일본과 대체로 같아서 별로 고생은 하지 않았지만, 단 한국의 식사는 일본 것보다 매워서 밖에서 식사할 때 고생했습니다. 그래도 지금은 매운 것도 맛있다고 느끼게 되었습니다.
홍 : 아 그렇습니까? 그거 잘 됐네요. 그런데, 경주에는 간 적이 있습니까?
아오키 : 아니요, 아직 없습니다. 어떤 곳입니까?
김 : 경주는 신라의 수도였던 곳으로, 한국에서 제일 유명한 관광지입니다.
아오키 : 그렇습니까? 가 보고 싶네요.
홍 : 게다가 가을에는 단풍이 매우 예뻐요.
아오키 : 한국 쪽이 일본보다 비가 적기 때문에 단풍은 더 예쁠 겁니다.

内容確認（ないようかくにん） 내용확인

1. 青木（あおき）さんはなぜ一人（ひとり）で買（か）い物（もの）に来（き）ているんですか。

2. 青木（あおき）さんと金さん、洪さんはどこに行（い）くことになりましたか。

3. 青木（あおき）さんは何（なに）を飲（の）みますか。

   3-1. それはなぜですか。

4 青木さんが韓国に来てどのくらい経ちましたか。

5 青木さんが韓国に来て苦労したのは何ですか。

6 慶州はどんなところですか。

解説
해설

1「V-てはいけない」

「~해서는 안 된다」는 금지의 의미를 나타내며, 부정형은 「V-なくてはいけない(~하지 않으면 안 된다)」이다.

예 この水を飲んではいけません。

明日までに全部済まさなくてはいけない。

2「V-たことがある」

일본어 동사의 과거형은 「V-た」로 나타내는데, 여기에 「ことがある(적이 있다, 일이 있다)」가 연결되어 과거의 경험을 표현할 수 있다.

예 海外旅行に行ったことがありますか。

3「より」

어떤 동작이나 상태를 다른 것과 비교할 때 쓰는 조사로서, 우리말의 「보다」에 해당한다.

예 飛行機は列車より速いです。

4「~でも」

「~이라도, ~든지」라는 말로, 같은 성질의 것들 가운데에서 어느 특정의 것을 가볍게 예시하는 기분을 나타낸다.

예 サンドイッチでも持って行きましょうか。

5 「～ようになる」

「～ように(～하도록)」에 변화를 나타내는 동사 「なる」가 연결되어 「～하도록 되다」의 의미를 나타낸다.

예 何度も練習して、できるようになりました。

練習 연습

1 다음은 일본 문화체험에 관한 경험을 묻는 질문입니다. 친구와 같이 묻고 대답합시다. (10)은 당신이 생각하십시오.

質　問	答え
(1) 東京/大阪に行ったことがありますか	
(2) 寿司/お好み焼きを食べたことがありますか	
(3) 日本酒を飲んだことがありますか	
(4) 日本料理を作ったことがありますか	
(5) 日本語で手紙を書いたことがありますか	
(6) 着物を着たことがありますか	
(7) 日本人と話したことがありますか	
(8) 日本の箸を使ったことがありますか	
(9) 日本の踊りを見たことがありますか	
(10)	

2 (1) 다음과 같은 경우 일본어로 어떻게 말하겠습니까?

a. 괜찮다면 커피를 마시러 가자고 말할 때

b. 한국 생활에는 이제 익숙해졌냐고 물어볼 때

c. 울산에 관해 질문을 받았을 때 뭐라고 설명하겠습니까?

(2) 다음을 일본어로 말해 봅시다.

a. 선생님이야말로 오늘은 혼자세요?

b. 아주 맛있으니까 한 번 드셔 보세요.

c. 게다가 가을에는 단풍이 매우 예쁘답니다.

ロールプレイ 역할연습

A: 당신은 일본에서 유학 온 대학생입니다.
지금 한국인 친구와 같이 커피숍에서 커피를 마시고 있습니다.
당신은 한국에 온 지 6개월이 지났습니다.
한국생활은 처음에는 힘들었지만 지금은 많이 익숙해졌습니다.
당신은 부산에는 간 적이 있습니다만, 경주에는 간 적이 없습니다.
어떤 곳인지 물어보십시오.

B: 당신은 울산대학교 일본어일본학과의 학생입니다.
지금 한국에 유학 온 일본인 친구와 같이 커피숍에서 커피를 마시고 있습니다. 그 친구에게 한국생활이 어떤지 물어 보십시오.
또 경주에 간 적이 있는지 물어보고 간 적이 없다면 경주에 대해 설명해 주십시오.

役に立つぷち情報

日韓のコーヒーの味

最近は韓国のコーヒーの味も徐々に変わってきていますが、韓国と日本のコーヒーの味はちょっと違うようです。韓国では味が薄くてキャラメル香りがあるコーヒーが人気であるのに対し、日本では味が濃いコーヒーが好まれます。日本人の観光客は韓国の食べ物はすべて美味しいのに、コーヒーだけはまずいと異口同音するほどです。日本式の濃いコーヒーを飲むため、わざわざスターバックスに行くという人もいるそうです。

ただ、コーヒーショップのソファーは絶賛でした。日本のコーヒーショップには韓国のようにそんな贅沢なソファーはあまり見られません。

第十六課

慶州案内(1)

場所：古墳公園

前提：青木夫妻に頼まれて、李君と金さんは慶州を案内する。

青木(妻)：この門、とてもきれいですねえ。日本にも似たものがありますけど、こんなにきれいじゃないです。

李：そうですか。どんな色ですか。

青木(妻)：特別に色は塗らないんです。だから古い木の色だけですね。

金：そうなんですか。韓国では定期的に色を塗るんです。

青木(妻)：わあ、大きい。これ、みんな古墳ですか.

金：ええ、そうです。この公園の中には20個ほど古墳があるそうです。

青木：本当に大きいですね。日本にも古墳はたくさんありますが、こんなに大きくないですよ。天馬塚。どうしてこの古墳だけ名前があるんですか。

李　：この古墳を発掘した時、白馬を描いた馬具が出たそうです。それでその名前になったそうです。

青木　：そうなんですか。それで、その馬具はどこにありますか。

李　：中にあるのは模造品で、本物は博物館にあるそうです。

金　：中が見学できますけど、入ってみますか。

青木　：ええ、そうしましょう。

경주 안내(1)
장소 : 고분 공원
전제 : 아오키 부부가 부탁해서 이군과 김양은 경주를 안내한다.

아오키(처) : 이 문, 매우 예쁘군요. 일본에도 비슷한 것이 있지만, 이렇게 예쁘진 않아요.
이 : 그렇습니까? 어떤 색입니까?
아오키(처) : 특별히 색은 칠하지 않습니다. 때문에 오래 된 나무색일 뿐입니다.
김 : 그렇습니까? 한국에서는 정기적으로 색을 칠합니다.
아오키(처) : 어머, 크다. 이거 전부 고분이에요?
김 : 네, 그렇습니다. 이 공원 안에는 20개 정도 고분이 있다고 합니다.
아오키 : 정말로 크군요. 일본에도 고분이 많이 있지만, 이렇게 크지 않아요. 천마총. 어째서 이 고분만 이름이 있는 겁니까?
이 : 이 고분을 발굴했을 때, 백마를 그린 마구가 나왔다고 합니다. 그래서 이 이름이 되었다고 합니다.
아오키 : 그렇습니까? 그래, 그 마구는 어디에 있습니까?
이 : 안에 있는 것은 모조품이고, 진짜는 박물관에 있다고 합니다.
김 : 안을 견학할 수 있는데, 들어가 보겠습니까?
아오키 : 네, 그럽시다.

内容確認
내용확인

1. 日本の門と韓国の門はどう違いますか。
2. この公園の中に古墳はいくつありますか。
3. 古墳の中でなぜ天馬塚だけが名前がついていますか。

解説
해설

1 「～そうだ」

「そうだ」는 동사, 형용사, 형용동사 등은 종지형에, 명사는 단정을 나타내는 「だ」에 접속시켜 남에게서 전해 들은 사실을 제3자에게 전하는 경우를 나타낸다.

예 明日は雨だそうです。

木村さんが帰ってきたそうです。

とても忙しいそうだ。

田舎は空気がきれいで、静かだそうです。

2 「どうして」

이유나 사정을 물을 때 쓰는 말로 「어째서, 왜」라는 의미의 부사이다.

예 昨日はどうして欠席しましたか。

3 「そうなんですか」

회화체에서는 「そうですか(그렇습니까)」보다 더 많이 쓰이며, 우리말의 「그런가요」에 해당한다.

4 「中にあるのは」

여기에서의 「の」는 이미 언급된 「馬具」를 대신한 형식명사이다.

예 A: これはわたしのノートです。あれはだれのですか。

B: あれは金さんのです。

練習 연습

1 아래 표에는 일본에 관해서 들은 사항을 정리한 것입니다. 다음 모델회화를 참고로 친구와 이야기해 봅시다.

모델회화

A: ちょっとすみません。日本のデパートで虫を売っているそうですが、本当ですか。

B: さあ、私もちょっと分かりませんが、

売っていると思いますよ。 ☞ ○

(売っていないと思いますよ。) ☞ ×

日本では	わたし	さん	さん
① デパートで虫を売っています。			
② たいてい、夜お風呂に入ります。			
③ 誕生日にすき焼きを食べます。			
④ 道でたばこを吸ってもいいです。			
⑤ 数字の「4」が好きです。			
⑥ 映画館は指定席です。			
⑦ サラリーマンは毎日残業します。			
⑧ よくプレゼントをします。			
⑨ 自動販売機で米が買えます。			

2 (1) 다음과 같은 경우 일본어로 어떻게 말하겠습니까?

a. 이거 너무 예쁘다고 말할 때

b. 여러 고분 중 천마총에만 이름이 있는 이유를 뭐라고 설명하겠습니까?

c. 고분 안을 견학할 수 있는데 들어갈 것인지 물어볼 때

(2) 다음을 일본어로 말해 봅시다.

a. 한국에도 비슷한 것이 있지만, 이렇게 예쁘지 않아요.

b. 왜 이 고분만 이름이 있어요?

c. 안에 있는 것은 모조품이고 진짜는 박물관에 있다고 해요.

ロールプレイ 역할연습

A: 당신은 일본에서 유학 온 대학생입니다.
한국인 친구와 경주 불국사에 왔습니다.
당신은 처음 경주에 왔습니다.
경주는 어떤 곳인지, 불국사는 어떤 곳인지 한국인 친구에게 물어 보십시오.

B: 당신은 울산대학교 일본어일본학과의 학생입니다.
일본인 친구와 경주 불국사에 왔습니다.
일본인 친구는 경주가 처음이라서 당신에게 여러 가지 질문을 합니다.
경주가 어떤 곳인지, 불국사가 어떤 곳인지 설명해 주십시오.

第十七課

慶州案内(2)

場所：慶州のお土産屋
状況：前課と同じ

青木　　：あそこにお土産屋がありますね。ちょっと入ってみましょうか。

李　　　：はい、そうしましょう。

青木(妻)：この紫の石はなんですか。

金　　　：これは紫水晶です。きれいでしょう。韓国の特産品です。

青木(妻)：そうですか。この指輪、すてきですね。

金　　　：20万ウォンって書いてありますね。

青木(妻)：台は何でできていますか。ちょっと聞いてください。

金　　　：台は銀100パーセントだそうです。

青木(妻)：そうですか。でも、20万ウォンって高いんでしょうか、安いんでしょうか。

金　　：うーん、この水晶の色がとても濃いから、品質はいいものでしょう。そんなに高くないと思います。

青木(妻)：じゃあ、金さんを信じて買います。

경주 안내(2)
장소 : 경주의 선물 가게
상황 : 제16과와 동일

아오키 : 저기에 선물가게가 있군요. 잠시 들어가 볼까요?
이　　: 네, 그럽시다.
아오키(부인) : 이 보라색 돌은 뭡니까?
김　　: 이것은 자수정입니다. 예쁘죠? 한국 특산품입니다.
아오키(부인) : 그렇습니까? 이 반지 멋지군요.
김　　: 20만원이라고 써 있군요.
아오키(부인) : 반지 테는 무엇으로 되어 있습니까? 좀 물어주세요.
김　　: 반지 테는 은 100퍼센트라고 합니다.
아오키(부인) : 그렇습니까? 그래도 20만원이란 비싼 겁니까, 싼 겁니까?
김　　: 음, 이 수정의 색이 매우 짙기 때문에, 품질은 좋은 것이겠지요. 그렇게 비싸지 않다고 생각합니다.
아오키(부인) : 그럼, 김양을 믿고 사겠습니다.

内容確認 내용확인

1. みんなはどんなお店に入りましたか。
2. 青木さんの奥さんは何に興味がありますか。

   2-1. 青木さんの奥さんはその指輪を買いましたか。

3. 金さんはなぜ20万ウォンという値段は高くないと思いましたか。

解説 해설

1 「20万ウォンって」

회화체에서는 「～と(いう)」가 흔히 「～って」로 짧게 줄여진다.

예 いやだって(=いやだと)言っているんです。

九時って(=九時という)ことになりました。

2 「V-てある」

동작의 결과를 나타냄과 동시에 동작을 행한 주체를 의식한 표현이다. 이때 앞에 반드시 조사 「が」가 쓰인다.

ⓐ 窓が開いています。(창문이 열려 있습니다 - 자동사 「あく」로써 연 사람은 의식하지 않고 열려져 있는 결과만을 나타낸다.)

ⓑ 窓を開けています。(창문을 열고 있습니다 - 타동사 「あける」로써 열고 있는 동작의 진행을 나타낸다.)

ⓒ 窓が開けてあります。(창문이 열려 있습니다 - 우리말로 직역하면 ⓐ와 같으나, 여기에서는 누군가에 의해서 창문이 열렸음을 의식한 표현이다.)

주요 자/타동사

自	他	自	他	自	他	自	他
始まる 시작되다	始める 시작하다	終わる 끝나다	終える 끝내다	開く 열리다	開ける 열다	閉まる 닫히다	閉める 닫다
入る 들어가다	入れる 넣다	変わる 변하다	変える 바꾸다	続く 계속되다	続ける 계속하다	かかる 걸리다	かける 걸다
止まる 서다	止める 세우다	見える 보이다	見る 보다	消える 꺼지다	消す 끄다	聞こえる 들리다	聞く 듣다
集まる 모이다	集める 모으다	つく 켜지다	つける 켜다	たまる 모이다	ためる 모으다	落ちる 떨어지다	落とす 떨어뜨리다

3 「何(なに)でできていますか」

「できる」는 가능의 의미가 아니라, 「이루어지다, 만들어지다, 생기다」의 의미로 쓰인 것이다.

예 昔(むかし)の家(いえ)は普通(ふつう)、木(き)と紙(かみ)でできていたそうです。

練習(れんしゅう) 연습

1 주어진 단어를 이용하여 아래의 회화를 연습해 봅시다.

모델회화

金：田中(たなか)さんの部屋(へや)に行(い)ってみましたか。
李：はい、行(い)ってみました。①大(おお)きい絵(え)が掛(か)けてありました。
　　そして②くまの人形(にんぎょう)が置(お)いてありました。
金：そうですか。

a. ① 大(おお)きいポスターが貼(は)る　　② 花(はな)もたくさん置(お)く
b. ① トロフィーがたくさん並(なら)べる　　② 500ウォンが落(お)ちる
c. ① カーテンが破(やぶ)れる　　② つくえの上(うえ)が散(ち)らかる
d. ① ______________________　　② ______________________

2 (1) 다음과 같은 경우 일본어로 어떻게 말하겠습니까?

a. 저기 선물가게가 있으니 들어가 보자고 할 때

b. 만 3천엔이란 비싼 건지 싼 건지 물어볼 때

c. 점원에게 좀 물어봐 달라고 할 때

(2) 다음을 일본어로 말해 봅시다.

a. 자수정은 한국의 특산품입니다.

b. 5만원이라고 써 있네요.

c. 그렇게 비싸지 않다고 생각해요.

ロールプレイ 역할연습

A: : 당신은 한국에 살고 있는 일본인입니다.
미국에 있는 친구에게 한국의 토산품을 선물로 보내려고 합니다.
무엇을 보내면 좋을지, 어디에서 쇼핑하는 게 좋은지 한국친구에게 조언을 구하십시오.

B : 당신은 한국인입니다.
일본인 친구가 미국에 있는 친구에게 선물을 보내고 싶다고 합니다.
미국친구는 어떤 사람인지 물어보고 그 친구에게 알맞은 선물을 추천해 주십시오.

第十八課

ウィンドーショッピング

場所：市内

前提：金さんと朴さんが久しぶりに市内でぶらぶらしている。

朴：ねえ、金さん。あの赤いスカートすてきですね。

金：そうですね。このお店、新しくできたみたいですね。入ってみましょうか。

朴：ええ、そうしましょう。

金：最近はこういう短いスカートが流行ってるみたいですね。

朴：ええ、この店にあるものも短い物ばかりですね。

金：この白いスカート、どう思いますか。

朴：ちょっとあなたには派手すぎるんじゃないですか。金の刺繍もあるし。それより、この青い半ズボンはどうですか。こっちの方が似合いそうだけど。

金：そうかなあ。ちょっと着てみましょうか。

朴：あそこに試着室があるみたいです。

(試着後(しちゃくご))

朴：どうでしたか。

金：ちょっと短(みじか)すぎてやめます。

朴：じゃあ、他(ほか)の店(みせ)に行(い)きましょう。

金：わあ、あのチョコレートケーキおいしそうですね。

朴：ええ、この店(みせ)のケーキおいしいみたいですね。たくさん人(ひと)がいますから。でも高(たか)そうです。

金：ショートケーキ1個(いっこ)5000ウォンと書(か)いてありますね。

朴：やっぱり高(たか)すぎます。食(た)べるのやめましょう。

金：ええ、残念(ざんねん)だけど、やめましょう。

朴：少(すこ)し曇(くも)ってきたみたいですね。

金：ええ、雨(あめ)が降(ふ)りそうですね。

朴：雨(あめ)が降(ふ)る前(まえ)に帰(かえ)りましょうか。

金：ええ、そうしましょう。

윈도우 쇼핑
장소 : 시내
전제 : 김양과 박양이 오래간만에 시내에서 어슬렁어슬렁 다니고 있다.

박 : 저어 김양. 저 빨간 스커트 멋있군요.
김 : 그렇군요. 이 가게, 새로 생긴 것 같군요. 들어가 볼까요?
박 : 네, 그럽시다.
김 : 요즘은 이런 짧은 스커트가 유행하고 있는 듯합니다.
박 : 네, 이 가게에 있는 것도 짧은 것뿐이군요.
김 : 이 하얀 스커트 어떻게 생각합니까?
박 : 좀 김양에게는 너무 화려하지 않습니까? 금 자수도 있고.
그것보다, 이 파란 반바지는 어떻습니까? 이쪽이 더 잘 어울리는 것 같은데.
김 : 그럴까.... 한번 입어 볼까요.
박 : 저기에 입어 보는 방이 있는 것 같습니다.

(입어 본 후)
박 : 어떻습니까?
김 : 좀 너무 짧아서 그만두겠습니다.
박 : 그럼, 다른 가게에 가봅시다.
김 : 와, 저 초콜릿 케이크 맛있을 것 같아요.
박 : 네, 이 가게 케이크 맛있는 것 같아요. 사람이 많기 때문에. 하지만 비쌀 것 같아요.
김 : 쇼트케이크 한 개 5천원이라고 써 있군요.
박 : 역시 너무 비싸군요. 먹는 거 그만둡시다.
김 : 네, 유감스럽지만 그만둡시다.
박 : 조금 날씨가 흐려지는 것 같아요.
김 : 네, 비가 올 것 같군요.
박 : 비가 오기 전에 돌아갈까요?
김 : 네, 그렇게 합시다.

内容確認 내용확인

1. 最近はどんなスタイルの服が流行っていますか。

2. 朴さんが白いスカートより青い半ズボンの方が金さんに似合いそうだと言ったのはなぜですか。

3. 金さんは服を買いましたか。

   3-1. それはどうしてですか。

4. 二人はなぜケーキ屋に入らなかったのですか。

解説(かいせつ) 해설

1 「～みたいだ(です)」

「みたいだ」는 회화체에서만 쓰는 것으로서, 비유의 용법과 추정의 용법이 있다.

예 表情(ひょうじょう)がまるで猿(さる)みたいですね。

だれか来(き)たみたいですね。

2 「V-てる」

「V-ている」는 「流行(はや)ってる」와 같이 회화체에서는 흔히 「V-てる」로 줄여서 쓰인다. 이러한 축약표현은 일본인들에게는 일상적인 것이지만 외국인 초보자들로서는 좀더 일본어에 익숙해진 다음에 쓰기 시작하는 것이 바람직하다.

3 「～すぎる」

어떤 동작이나 상태가 지나친 것을 나타내며, 동사의 중지형, 형용사와 형용동사의 어간에 보조동사 「～すぎる」를 붙인다.

예 食(た)べすぎに気(き)をつけましょう。

ちょっと短(みじか)すぎます。

派手(はで)すぎるんじゃないですか。

4 「～そうだ」

「そうだ」는 동사의 연용형, 형용사, 형용동사의 어간에 연결되어 「～인 듯하다」는 추정의 의미를 나타낸다.

예 今にも雨が降りそうです。

こちらのがよさそうに見える。

みんな元気そうだから、嬉しく思っています。

5 「そうかな(あ)」

「～かな(～인가 ～는가)」는 혼잣말처럼 하기도 하고, 상대방에게 질문하는 기분을 나타내기도 한다.

예 鈴木さんは来ないかな。

君はそれを知っているかな。

練習 연습

1 주어진 단어를 이용하여 아래의 회화를 연습해 봅시다.

모델 회화

金：①可愛いケーキですね。
李：ええ、②とても美味しそうです。
金：そうですね。

a. ① すごい怪我をしている　② すごく痛い

b. ① 急に暗くなる　② 雨が降る

c. ① 前の車、危ない　② ぶつかる

d. ① 古いお店だ________　② ________

2 (1) 다음과 같은 경우 일본어로 어떻게 말하겠습니까?

a. 가게에 들어가 보자고 말할 때

b. 친구가 입어 본 옷이 그 친구에게 너무 화려해서 안 맞을 때

c. 마음에 든 셔츠를 입어 보았지만 너무 클 때

(2) 다음을 일본어로 말해 봅시다.

a. 저 하얀 셔츠 멋있네요.

b. 저쪽에 옷 갈아입는 곳이 있나 봐요.

c. 너무 비싸요. 깎아 주세요.

ロールプレイ 역할연습

A: 당신은 일본인 관광객입니다.
당신은 가방을 사려고 동대문시장에 왔습니다.
당신은 검정색 가죽 가방이 마음에 들었습니다.
그 가방이 얼마인지 가게 주인에게 물어보십시오.
그런데, 가격이 당신의 생각보다 너무 비쌉니다.
좀 깎아달라고 부탁하고 가방을 사십시오.

B: 당신은 동대문시장에서 가방가게를 운영하고 있습니다.
일본인 손님이 왔습니다.
당신의 가게는 가죽 가방이 특히 인기가 많다는 것을 손님에게 어필하십시오.
손님이 마음에 든 가방은 15만원입니다.
좀 깎아 주십시오. (얼마를 깎을지는 당신이 정하십시오)

第十九課

スポーツ大会

場所：運動場

前提：英文科の学生とソフトボールをする男子学生を朴さんと金さんが応援に行くところ。

朴：李先生ひどい。スポーツ大会がありますって言ったのに、授業を延長するなんて。金さん、待って。私、もう走れない。

金：もう少しだからがんばって。ああ、よかった。間に合った。今、最終回みたいですね。

朴：次は李先輩が打つ番です。

金：本当だ。先輩、がんばってください。

李：はいはい、わかったよ。

金：英文科の学生は強そうですね。

朴：ええ。背も高いし、体も大きい人が多いですね。

(ツーストライク)

朴：このまま三振(さんしん)するかも知(し)れないですね。あっ、打(う)った。先輩(せんぱい)、走(はし)れ。

金：がんばれ。もっと早(はや)く。やったー。ホームラン(home run)だ。

朴：きゃー逆転(ぎゃくてん)だ。日本語科(にほんごか)が勝(か)った。

えっ。李先輩(せんぱい)二塁(にるい)のベース踏(ふ)み忘(わす)れた。アウト。

ああ、先輩(せんぱい)。しっかりしてください。

체육 대회
장소 : 운동장
전제 : 영문과 학생과 소프트볼을 하는 남학생을 박양과 김양이 응원하러 간다.

박 : 이교수님 너무하셔! 체육대회가 있다고 말했는데 수업을 연장하다니. 김양 기다려. 나 이제 더 뛸 수 없어.
김 : 이제 다 왔으니까 힘내. 아 됐다. 시간에 맞추어 왔어. 지금 최종회인 것 같아요.
박 : 다음은 이선배가 칠 차례예요.
김 : 정말. 선배님 힘내세요!
이 : 응, 알았어!
김 : 영문과 학생은 강한 것 같군요.
박 : 네. 키도 크고, 몸도 큰 사람이 많군요.
(투스트라이크)
박 : 이대로 삼진할지도 몰라요. 앗 쳤다! 선배님, 달려요!
김 : 화이팅! 더 빨리! 됐다! 홈런이다.
박 : 와 역전이다. 일본어과가 이겼다!
앗. 이선배 2루 베이스 밟는 것 잊어 버렸다. 아웃! 아 선배님. 잘 하세요!

内容確認
내용확인

1. 朴さんと李さんは今、どこへ向かっていますか。
2. 彼女達はなぜ急いでいますか。
3. 英文科の学生はどんな感じですか。
4. 試合の結果はどうですか。日本語科が勝ちましたか。

   4-1. それはなぜですか。

解説
해설

1 「李先生ひどい」

「ひどい」는 「지독하다, 심하다」에 해당하는데, 여기서는 상대방에 대해 「너무해요」 정도의 가벼운 원망이나 비난의 뜻을 나타낸 것이다.

2 「のに」

동사, 형용사에는 「～のに」의 형으로, 명사, 형용동사에는 「～なのに」로 연결되어 「～인데(에도 불구하고)」의 의미로 쓰이는 접속조사이다.

예 病気なのに学校へ行きました。

熱心に勉強したのに、試験に落ちました。

体は大きいのに元気がありません。

設備はりっぱなのに、どこか不便なところもあります。

3 「延長するなんて」

「なんて」는 「などとは、などというのは(~라는 것은)」의 줄인 말로 회화체에서 쓰인다.

예 国家試験に受かるなんて、すごいですね。

4 「間に合う」

「제 시간에 닿다, 충분하다, 족하다」라는 뜻으로 쓰이는 관용 표현이다.

예 会議にやっと間に合いました。

五千ウォンあれば間に合います。

5 「走れ!」

일본어 동사의 명령형은 5단동사의 경우는 「走る-走れ」와 같이 어미를 e모음으로, 상하1단동사는 어미 「る」를 「ろ」로 바꾸고, カ행변격동사는 「こい」, サ행변격동사는 「せよ、しろ」로 된다. 그러나 일상회화에서 명령형이 그대로 사용되는 경우는 드물다.

6 「しっかりする」

「착실하다, 튼튼하다, 정신 차리다」 등의 의미로, 실수나 잘못이 없도록 주의하는 경우에 쓰인다.

예 脈拍はしっかりしている。

技術をしっかり身につける。

練習(れんしゅう)
연습

1 주어진 단어를 이용하여 아래의 회화를 연습해 봅시다.

모델회화

李：①一生懸命(いっしょうけんめい)に勉強(べんきょう)したのに、
　　②試験(しけん)の点数(てんすう)がめちゃくちゃ悪(わる)いんです。
金：どうしてですか。
李：③試験(しけん)が難(むずか)しすぎたからです。
金：それは大変(たいへん){でした/です}ね。

a. ① 風邪(かぜ)を引(ひ)いた　② 学校(がっこう)へ行(い)ってきた
　③ 先生(せんせい)が怖(こわ)い

b. ① お金(かね)がない　② 高(たか)いプレゼントを買(か)わなければならない
　③ 彼女(かのじょ)がほしがる

c. ① 外(そと)は雨(あめ)だ　② かさがない
　③ 天気予報(てんきよほう)を見(み)なかった

d. ① 3ヶ月(げつ)もダイエットした　② ほとんどやせなかった
　③ 方法(ほうほう)が間違(まちが)っていた

2 (1) 다음과 같은 경우 일본어로 어떻게 말하겠습니까?

a. 제 시간에 맞춰 도착했을 때
b. 뭔가 해냈을 때
c. 정신 차리라고 상대방을 따끔하게 주의할 때

(2) 다음을 일본어로 말해 봅시다.

a. 이렇게 리포트가 많다니, 너무해.
b. 다음은 이선배가 발표할 차례예요.
c. 이대로 F를 받을지도 모르겠네요.

(F를 받다＝単位(たんい)を落(お)とす)

ロールプレイ 역할연습

A: 당신은 일본에서 유학 온 대학생입니다.
당신은 어제 한국 대 일본의 축구경기를 꼭 보고 싶었지만 갑자기 여자친구가 만나자고 하는 바람에 보지 못했습니다.
경기 결과를 한국인 친구에게 물어보십시오.

B: 당신은 울산대학교 일본어일본학과의 학생입니다.
일본인 친구가 어제 있었던 한국 대 일본의 축구경기에 대해서 물어봅니다.
어제 경기는 아주 재미있었습니다.
결과는 한국이 2:1로 이겼습니다.

第二十課

引っ越しの手伝い

場所：青木さんの家

状況：青木さんが引っ越しをするので、李君は手伝っている。

李：青木さん、ここの本、箱に入れてもいいですか。

青木：ええ。入れたら、「マル会」と上に書いておいてください。会社の方に置くことにしますから。

青木(妻)：あなた、一段落したら、お茶にしましょうよ。

青木：そうだね、金さんたちまだかな。

青木(妻)：もうそろそろ来るはずです。五時に授業が終わるそうですから。

青木：そうそう、李君、このノートブック使いますか。

李：青木さんはいいですか。

青木：会社がコンピューターをくれるので、家のはもう要らないんです。よかったら使ってください。

李：もらってもいいんですか。高い物だし。

青木：いいえ、少し古い型ですから、家に二つあってもじゃまになるだけです。他に何かあげるものはあったかな。このDVD、日本のドラマを録画したものですけど、僕たちもう何回も見たからよかったらどうぞ。

李：ありがとうございます。ふじの間でみんなで見ることにします。

青木(妻)：さあさあ、ちょっと休みましょう。お隣の家からもらったお菓子があるの。

金·朴：ごめんください。遅くなりました。

青木(妻)：まあ、あの人たちはなんてタイミングがいいんでしょう。

이사 거들기
장소 : 아오키 씨 집
상황 : 아오키 씨가 이사를 하기 때문에 이군이 거들고 있다.

이　　: 아오키 씨, 여기 책, 상자에 넣어도 됩니까?
아오키 : 네. 넣었으면 「マル会」라고 위에 써 두세요. 회사에 두기로 했으니까.
아오키(부인) : 여보, 일단락 지었으면 차 한잔해요.
아오키 : 그래요. 김양네들은 아직 안 왔나?
아오키(부인) : 이제 슬슬 올 거예요. 다섯 시에 수업이 끝난다고 했으니까.
아오키 : 아참, 이군, 이 노트북 사용하겠어요?
이　　: 아오키씨는 괜찮습니까?
아오키 : 회사에서 컴퓨터를 주니까 집의 것은 이제 필요가 없어요. 괜찮다면 쓰세요.
이　　: 받아도 됩니까? 비싼 물건인데.
아오키 : 아니요, 조금 구형이기 때문에 집에 두 대 있어도 방해만 될 뿐입니다. 그 외에 뭔가 드릴 물건이 있을까... 이 DVD, 일본 드라마를 녹화한 것입니다만, 우리 벌써 몇 번이나 봤으니까 괜찮다면 받으세요.
이 : 고맙습니다. 후지노마에서 모두 함께 보도록 하겠습니다.
아오키(부인) : 자, 좀 쉽시다. 이웃집에서 받은 과자가 있어요.
김・박 : 죄송합니다. 늦었습니다.
아오키(부인) : 어머, 저 사람들은 어쩜 이렇게 시간을 잘 맞춰 온다죠.

内容確認
내용확인

1. 李さんは何をしに青木さんの家に来ていますか。
2. 青木さんが李さんにあげたものは何ですか。(二つ)

   2-1. 青木さんはなぜそれらが要らないのですか。
3. 金さんと朴さんはいつ青木さんの家に来ましたか。

解説
해설

1. 「N-だったら」「V-たら」「A-かったら」「NA-だったら」

「たら」는 동작의 완료를 나타내는 「た」의 가정조건형이지만, 「만일 ~한다면(이라면)」과 같이 말하는 이의 주관적인 가정을 강하게 나타낸다. 따라서, 주로 회화체에서 후문에 허가, 명령, 의지 등 말하는 이의 주관을 나타낼 때는 「たら」로 연결시킨다. 이를 「가정조건」이라고 한다. 또, 어떤 일이 있음으로써 결과적으로 따르는 사항을 나타내는 용법도 있는데 이를 「확립조건」이라 한다. 「たら」 외에도 일본어의 가정조건을 나타내는 것에는 「ば」「と」가 있다.

仮定条件(가정조건) 문장 앞부분이 성립할지 어떨지 모를 때

동사	＋たら	예: 雨が降ったら、出かけません。(降る)
형용사	＋かったら	예: 安かったら買います。(安い)
형용동사	＋だったら	예: 好きだったら告白してください。(好きだ)
명사	＋だったら	예: 名前は男の子だったら「ひろし」、女の子だったら「あや」です。

確定条件(확정조건) 문장 앞부분이 성립할 것을 알 때

동사	＋たら	예: 駅に着いたら、電話してください。
		仕事が終わったら、飲みに行きませんか。

2 「はず」

어떤 것을 당연한 것으로 확신하거나, 예정된 것을 나타낼 때 쓰인다. 동사, 형용사는 기본형, 과거형 뒤에 그대로 「-はずだ」를 연결시키지만, 명사에는 「-のはずだ」 형용동사에는 「-なはずだ」로 연결시킨다.

예 彼は今年卒業のはずです。

人気だから、もう売り切れたはずだ。

連休で人出が多いはずです。

あの学生はまじめなはずです。

3 「もらう-いただく」

「もらう(받다)」는 다른 사람이 주는 것을 받는 동작을 나타내며, 「いただく」라는 겸양어 표현을 따로 가지는 점이 우리말과 다르므로 주의해야 한다.

예 友だちから手紙をもらいました。

お隣からお祝いをいただきました。

4 「なんて～でしょう」

「なんて」는 「なんという」의 줄인 말로, 보통 「なんて～だろう(でしょう)」와 같은 형으로 되어서 「어쩌면 이토록 ～일까(요)」의 의미를 나타낸다.

예 なんてかわいい赤ちゃんでしょう。

練習 연습

1 만약 이럴 때 무엇을 하고 싶습니까? 친구와 이야기해 봅시다.

예 もし、私が1億円の宝くじに当ったら、世界一周がしたいです。

	わたし	さん	さん
もし、1億円の宝くじに当ったら			
もし、一日だけ男（女）だったら			

2 (1) 다음과 같은 경우 일본어로 어떻게 말하겠습니까?

a. 일단락 지었으면 차 한잔 하자고 말할 때
b. 괜찮으시다면 이걸 사용하라고 권할 때
c. 받아도 되냐고 물어볼 때

(2) 다음을 일본어로 말해 봅시다.

a. 이 책 여기에 놔도 돼요?
b. 이제 슬슬 올 거예요.
c. 집에 두 개 있어도 방해만 될 뿐이니까요.

ロールプレイ 역할연습

A: 당신은 일본에서 유학 온 대학생입니다.
한국인 친구와 커피를 마시며 이야기를 나누고 있습니다.
한국인 친구가 일본에서는 보통 가족 생일 때 무엇을 주고 받는지 묻습니다. 당신은 어머니 생신 때 꽃을 드렸습니다.
그리고 남동생 생일 때는 지갑을 선물했습니다.
당신의 생일 때는 어머니한테서 예쁜 가방을 받았습니다.
남동생한테서는 장갑을 받았습니다.

B: 당신은 울산대학교 일본어일본학과의 학생입니다.
일본인 친구와 커피를 마시며 이야기를 나누고 있습니다.
일본인 친구에게 보통 일본에서는 가족 생일 때 무엇을 주고 받는지 물어보십시오.
그리고 당신의 생일 때는 가족으로부터 무엇을 받았는지 말하십시오.

第二十一課

スピーチコンテスト(1)

場所：西原先生の研究室

前提：李君はスピーチコンテストに出場することになり、原稿を先生に見てもらう。

李：先生、この間お話しした原稿ができたので、見ていただけませんか。

西原：ああ、スピーチコンテストのね。確か、「日本の琴と韓国のカヤグム」という題だったね。

李：はい。前に日本人の知り合いから日本の琴のCDを聞かせてもらったんです。そのとき、琴の写真も見ましたが、琴は韓国のカヤグムみたいだ、と感じました。形はよく似ているのに、曲の雰囲気はとても違うと思ったので、そのことについて書きました。

西原：どれどれ… あ、ここは「まで」じゃなくて「までに」だね。

李：「卒業するまでに、一度は海外旅行をする」ですか。

西原：そう。ずっとしているのではなく、一回一回の意味だから。ほかには間違いはありませんね。よく書けています。

李：ありがとうございます。でも、何度も辞書を引かなければなりませんでした。

西原：まだ学生ですから、言葉が少ないのは仕方がないですよ。ところで、これ何で入力したの。

李：ええ。知り合いの方がくださったノートブックでです。

西原：それはよかったですね。このコンテストで入賞すると、日本に行けるから、李君も学生時代に海外旅行ができるかも知れませんね。

李：そうなれば嬉しいんですが。がんばります。

西原：また何かあったら言ってください。

李：はい、少し練習したら，発音を直していただけますか。

西原：ええ、いつでも見ましょう。

李：今日はこれで失礼します。ありがとうございました。

변론 대회(1)
장소 : 니시하라 교수의 연구실
전제 : 이군은 변론대회에 참가하게 되어서, 원고를 교수에게 보여 준다.

이 : 교수님, 일전에 말씀 드린 원고가 다 되었는데 봐 주시지 않겠습니까?
니시하라 : 아, 변론 대회 거군. 분명,「일본의 こと와 한국의 가야금」이라는 제목이었죠.
이 : 네, 전에 일본인 친구가 일본의 こと의 CD를 들려주었습니다. 그 때, こと의 사진도 봤습니다만, 한국의 가야금과 비슷하다고 느꼈습니다. 모습은 많이 닮았는데 곡의 분위기는 매우 다르다고 생각했기 때문에, 그것에 관해서 썼습니다.
니시하라 : 어디… 아, 여기는「まで」가 아니고「までに」예요.
이 :「卒業するまでに、一度は海外旅行をする」입니까?
니시하라 : 그래요. 계속하고 있는 것이 아니고 일회성의 의미이기 때문에 그 외에는 틀린 것이 없군요. 잘 썼습니다.
이 : 감사합니다. 그래도 몇 번이고 사전을 찾아야만 했습니다.
니시하라 : 아직 학생이기 때문에, 어휘력이 부족한 것은 할 수 없어요. 그런데, 이거 뭐로 입력했어요?
이 : 네, 아는 분이 주신 노트북으로요.
니시하라 : 그거 잘됐군요. 이 대회에서 입상하면, 일본에 갈 수 있으니깐 이군도 학생시절에 해외 여행이 가능할지도 모르겠군요.
이 : 그렇게 되면 기쁘겠습니다만 열심히 하겠습니다.
니시하라 : 또 뭔가 있으면 말해 주세요.
이 : 네, 조금 연습하면 발음을 고쳐 주시겠습니까?
니시하라 : 네, 언제라도 봅시다.
이 : 오늘은 이만 실례하겠습니다. 감사합니다.

内容確認(ないようかくにん)
내용확인

1. 李さんが西原先生(にしはらせんせい)の研究室(けんきゅうしつ)に来(き)た理由(りゆう)は何(なん)ですか。

2. 李さんのスピーチコンテストの題目(だいもく)は何(なん)ですか。

   2-1. なぜそのような題目(だいもく)にしたのでしょうか。

3. 李さんの作文(さくぶん)は間違(まちが)いがありましたか。

3-1. それはどんな間違いですか。

4 李さんの作文は手書きでしたか。

解説
해설

1 「V-てもらう(V-ていただく)」

다른 사람에게 부탁하여 그 동작을 받는 것을 나타내는데, 그 동작의 주체를 「に」나 「から」의 조사로 연결시킨다. 우리말에서 「누가 ~해 주다」라는 의미도 일본어에서는 「~てもらう」를 많이 쓰는 점에 주의해야 한다.

예 妹に部屋の掃除をしてもらいました。(*妹が部屋の掃除をしてくれました)

先生に教えていただきました。(*先生が教えてくださいました)

2 「~について」

우리말의 「~에 관해」에 해당하며, 어떤 사항의 내용이나 성격을 중심으로 하여 말을 전개하려 할 때에 쓰이므로, 비교대립의 의미를 나타내는 「~に対して(~에 대해, 비해)」와 구별해야 한다.

예 これから韓国の文化について話します。

(* 韓国の空気は乾燥しているのに対して、日本のは湿気が多いです)

3 「まで」「までに」

「まで」는 어떤 행동이나 작용의 어느 범위가 계속되는 것을 나타내나 「までに」는 일정한 기간 동안의 어느 시점에 이루어지는 행동이나 작용을 나타낸다.

예 1時から5時まで働いています。

明日の午後5時までにレポートを出してください。

4「V-なければならない(なりません)」

「~하지 않으면 안 된다」는 동사의 이중부정으로, 필연적으로 해야 함을 나타내는 강조용법이다.

예 約束は守らなければなりません。

5「くれる-くださる」

「くれる(주다)」의 경어는「くださる(주시다)」이지만, 우리말과 달리 일본어에서는 자기 가족의 경우는 낮추어 말하므로「くださる」를 쓰지 않는다는 점을 주의해야 한다.

예 これは父が誕生日のお祝いにくれたのです。

先生がこの本をくださいました。

あげる, くれる, もらう의 용법을 정리하면 아래와 같다.

물건일 경우	명사 をさしあげる あげる / やる	명사 を くださる くれる	명사 をもらう いただく
행위일 경우	동사 ~てあげる	동사 ~てくださる ~てくれる	동사 ~てもらう ~ていただく
	내가 남에게 주다	남이 나/내 쪽 사람에게 주다	남에게서 받다

6「V-ば」「A-ければ」

동사의 가정형은 5단동사의 경우는 어간에「ば」가, 상하1단동사와 변격동사는「れば」가 접속된다. 또 형용사의 경우는 어간에「ければ」를 연결시킨다.「ば」는 앞에 어떤 조건이 오면 뒤에 반복적인 일, 자연현상과 같은 일반적인 사실이 당연히 다를 때에 쓰인다.

예 春が来れば、花が咲きます。

ちりも積れば、山となる。

忙しくなければ、来てください。

練習 연습

1 어떤 곤란한 상황에 처해 있을 때 누군가가 도와주면 정말 고맙지요? 다음의 보기를 참고로 각각의 곤란한 상황에 관해 대화를 나눈 후 제3자에게 도움을 받은 것에 관해 이야기합시다.

보기 銀行へ行きたいですが、行き方が分かりません。

> A：ああ、困ったなあ！！
> B：どうしましたか。
> A：銀行へ行きたいですが、行き方が分かりません。
> B：銀行ですか。じゃ、　地図を書きましょうか。
> 　　　　　　　　　　　　一緒に行きましょうか。
> 　　　　　　　　　　　　道を教えましょうか。
> A：ええ、お願いします。

곤란한 상황

(1) レストランで食事をしましたが、さいふを忘れました。
(2) タクシーで行きたいですが、呼び方が分かりません。
(3) コピーしたいですが、使い方が分かりません。
(4) カバンが大変重いですから、一人で持つことができません。
(5) 旅行に行きますが、カメラがありません。

도움을 주는 방법

(お金を) 貸しましょうか。

車で送りましょうか。

手伝いましょうか。

代わりに呼びましょうか。

教えましょうか。

一緒に持ちましょうか。

도움을 받은 사람이 발표하기

私はこの間、①銀行の行き方が分からなくて困っていました。その時、Bさんが②一緒に行ってくれました。私はBさんがとても親切な人だと思います。

2 (1) 다음과 같은 경우 일본어로 어떻게 말하겠습니까?

a. 교수님께 지난 번에 말씀 드린 원고를 봐 달라고 부탁할 때

b. 그 밖에는 틀린 것이 없다고 말할 때

c. 조금 연습하면 발음을 봐 주실 수 있는지 교수님께 여쭤 볼 때

(2) 다음을 일본어로 말해 봅시다.

a. 전에 일본인 친구가 일본노래를 들려주었어요.

b. 형태는 비슷한데 곡의 분위기가 아주 다르다고 생각했어요.

c. 또 무슨 일 있으면 말해 주세요.

ロールプレイ 역할연습

A: 당신은 니시하라 교수님입니다.
학생이 스피치 대회 원고를 봐 달라고 연구실에 찾아왔습니다.
발표 제목이 무엇인지 물어보십시오.
학생의 원고를 잠시 훑어 본 후 아주 잘 썼다고 말해 주십시오.

B: 당신은 울산대학교 일본어일본학과의 학생입니다.
당신은 일본어 스피치 대회에 출전하려고 준비 중입니다.
당신이 쓴 스피치 대회 원고를 니시하라 교수님께 봐 달라고 부탁하기 위해 연구실에 찾아왔습니다. 당신의 스피치대회 원고의 제목은 (　　　　)입니다.
그것에 관해 쓴 이유도 같이 말하십시오.

第二十二課

スピーチコンテスト(2)

場所：焼肉屋

前提：李君はスピーチコンテストに入賞できなかったので、西原先生・金さん・朴さんと残念会をする。

西原：李君、残念だったね。六位だなんて。

李：そうですね。もう一つ上なら、日本に旅行に行けたのに。

金：本当におしかったですね。私は、李先輩は入賞した人よりずっと上手にいいことを話したと思いました。

朴：私もそう思いました。琴とカヤグムを比較して日本と韓国の文化の似ている点を発表したのは、とてもおもしろかったのに。

李：でもまだ発音とか、語彙とか不足している点がたくさんあったと思います。これからも一生懸命すれば、語彙も増えるし、発音ももっと上手になると思います。来年もチャレンジするつもりです。

西原：CDやDVDなどを使って勉強すると、だんだん発音もよくなるし、語彙も増えるでしょう。来年はきっと日本に行けると思いますよ。さあ、来年の李君のために乾杯しましょう。

一同：乾杯。

金：このあたりのお肉、もう出来てます。先生、さあどうぞ。

西原：今日は李君が主賓だから、李君からお先に。

李：じゃあ、遠慮なくいただきます。

朴：先生、このねぎ辛くないですか。もし辛いなら、辛くない物を頼みますが。

西原：大丈夫です。最近は舌が韓国料理に慣れてきて、辛くなければおいしくないんです。

李：ああ、このお肉おいしいですね。ビールと一緒に食べる肉が最高です。

朴：残念会のお肉は特別おいしいでしょ。

변론 대회(2)
장소 : 불고기 집
전제 : 이군이 변론대회에서 입상하지 못했기 때문에, 니시하라 교수, 김양, 박양과 뒤풀이를 한다.

니시하라 : 이군 유감이었어. 6위라니.
이 : 그래요, 하나만 더 위면 일본에 여행하러 갈 수 있었는데.
박 : 정말 아까웠어요. 저는 이 선배가 입상한 사람보다 훨씬 능숙하게 좋은 얘기를 했다고 생각했습니다.
박 : 저도 그렇게 생각했습니다. こと와 가야금을 비교해서 일본과 한국의 문화가 닮은 점을 발표한 것은 매우 재미있었는데.
이 : 그래도 아직 발음이라든지, 어휘라든지 부족한 점이 많이 있었다고 생각합니다. 앞으로 열심히 하면, 어휘도 늘고 발음도 더욱 잘하게 될 겁니다. 내년에도 도전할 생각입니다.
니시하라 : CD나 DVD 등을 이용해서 공부하면 점점 발음도 좋아지고 어휘도 늘겠지요. 내년에는 반드시 일본에 갈 수 있을 거라 생각합니다. 자, 내년의 이군을 위해서 건배합시다.
일동 : 건배.
김 : 이 부근의 고기, 벌써 다 익었습니다. 교수님, 드세요.
니시하라 : 오늘은 이군이 주인공이니까 이군부터 먼저.
이 : 그럼 사양 않고 먹겠습니다.
박 : 교수님, 이 파 맵지 않습니까? 만약 매우면 맵지 않은 것을 부탁하겠습니다.
니시하라 : 괜찮아요. 요즘은 혀가 한국 요리에 익숙해져 있어, 맵지 않으면 맛이 없습니다.
이 : 아, 이 고기 맛있군요. 맥주와 함께 먹는 고기가 최고예요.
박 : 뒤풀이의 고기는 특별히 맛있어요.

内容確認(ないようかくにん) 내용확인

1. スピーチコンテストで日本旅行(にほんりょこう)ができるのは何位(なんい)までですか。
2. 朴さんは李さんのスピーチについてどう思(おも)っていますか。
3. 李さんは入賞(にゅうしょう)できなかった理由(りゆう)は何(なに)だと思(おも)っていますか。
4. お肉(にく)は誰(だれ)から食(た)べましたか。

4-1. それはなぜですか。

5 西原先生(にしはらせんせい)は辛(から)くない韓国料理(かんこくりょうり)が好(す)きですか。

解説(かいせつ) 해설

1「おしかった」

「おしい(아깝다, 애석하다, 소중하다)」는 흔히 과거형「おしかった」로 쓰여 어떤 물건이나 일을 손에 넣지 못했거나 놓친 안타까움, 유감의 기분을 나타낸다.

예 もう終(お)わるというところまでいったのに、惜(お)しかった。

2「～とか、～とか」

우리말의「라든가」에 해당하며, 어떤 사물이나 행위에 관해 두세 가지 예를 들어서 말할 때에 쓴다.

예 英語(えいご)とかフランス語(ご)とか、それからドイツ語(ご)もよくできます。

3「V-と」

앞의 일에 뒤이어서 다른 일이 일어나는 경우, 동시성을 나타낸다. 또 어떤 조건하에서 다른 일이 필연적이거나 습관적으로 일어나는 경우에도 많이 쓰인다.

예 電車(でんしゃ)が止(と)まると、人々(ひとびと)が降(お)りはじめた。

1に2をたすと、3になる。

野原(のはら)に出(で)ると、気分(きぶん)がよくなります。

4 「ために」

ⓐ 목적을 나타내는 「～을 위하여」의 용법

예 この機械は何のためにあるのですか。

本を借りるために、図書館に行きました。

ⓑ 이유, 원인을 나타내는 「～때문에」의 용법

예 病気のために会社を休みました。

あまり高かったために、買いませんでした。

5 「遠慮なくいただきます」

「사양하지 않고 들겠습니다」라는 의미로, 「遠慮する(사양하다)」를 권하는 입장에서는 「どうぞご遠慮なく(부디 사양하지 마시고)」라고 할 수 있다.

練習 연습

1 다음의 표를 참고로 아래의 보기와 같이 두 사람씩 대화를 나누세요.

보기
A：私は健康のためにジムに通っていますが、Bさんは？
B： そうですねえ。私はやせるために、通っています。

하고 있는 것	목 적	하고 있는 것
働く	①留学する ②ぺらぺらになる ③日本へ行く ④恋人 ⑤車を買う ⑥自分 ⑦やせる ⑧就職する ⑨健康	旅行する
日本語を勉強する		お金をためる
アルバイトをする		ジムに通う

2 (1) 다음과 같은 경우 일본어로 어떻게 말하겠습니까?

a. 아주 유감이었다고 말할 때

b. 아직 발음이나 어휘나 부족한 점이 많다고 말할 때

c. 사양하지 않고 먹는다고 말할 때

(2) 다음을 일본어로 말해 봅시다.

a. 정말 아까웠어요.

b. 내년에도 다시 도전할 거예요.

c. 이 부근의 고기 다 익었어요. 드세요.

ロールプレイ 역할연습

A: 당신은 학생B의 선배입니다.
지난 번 스피치 대회에 나갔던 후배B와 이야기를 나누고 있습니다.
학생B는 6위로 입상을 못해서 낙담하고 있습니다.
용기를 북돋아 주십시오.
그리고 어떤 점이 부족했는지 이야기 나누십시오.

B: 당신은 지난 번 스피치 대회에 나갔는데 6위로 입상을 못했습니다.
적어도 3위 안에 들어서 일본여행을 갈 수 있을 것이라고 기대하고 있었던 당신은 굉장히 낙담하고 있습니다.
선배A에게 어떤 점이 부족했는지 말하고 내년에 다시 한 번 도전하겠다고 다짐하십시오.

第二十三課

勉強方法の相談

場所：西原先生の研究室

前提：金さんは中間試験がよくできなかったので、先生に今後の勉強方法を相談したい。

金：先生、ちょっとよろしいでしょうか。

西原：はい、何でしょう。

金：あの、勉強方法のことで相談したいんですが。

西原：金さんは、前期の試験はよくできたのに、今度はちょっとよくなかったね。

金：まじめに勉強しなくて、すみません。

西原：何か気になることがあるんじゃないですか。どうも、授業中、ぼんやりして、説明や質問を聞いていないように見えるんだが。

金：どうも集中できなくて。試験の時も、だいたいの意味は分かったんですが、細かいところが曖昧で。

西原：どうしてだろう。

金：実は、恋人じゃないんですが、つい洪君のことが思い出されるんです。今、何をしてるのか、とか、軍隊は大変なんじゃないか、とか。

西原：ははあ。分かってきたぞ。私にも経験がありますね。でも、勉強しなくてもいいということではないしね。うーん、難しいねえ。

金：どうしたらいいでしょう。

西原：とにかく、漢字を書いたり、声を出して教科書を読んだりしてみなさい。手を動かして。そのうち、気持ちも落ち着いてくるでしょう。

金：はい、やってみます。今日はお忙しいところ、すみませんでした。

西原：まあ、試験の点数は気にしすぎないように。

金：はい、失礼します。

공부 방법 상담
장소 : 니시하라 교수의 연구실
전제 : 김양은 중간고사 성적이 좋지 않아 교수님께 앞으로의 공부 방법에 관해 상담하고자 한다.

김 : 교수님, 잠시 괜찮겠습니까?
니시하라 : 네, 뭡니까?
김 : 저, 공부 방법에 관한 일로 상담드리고 싶습니다만.
니시하라 : 김양은 전기 시험은 잘했는데, 이번은 좀 좋지 않았어요.
김 : 열심히 공부하지 않아서 죄송합니다.
니시하라 : 뭔가 걱정거리가 있는 건 아닙니까? 어쩐지 수업 중, 멍하니 설명이나 질문을 듣고 있지 않는 듯이 보이는데.
김 : 아무래도 집중할 수 없어서. 시험 때도 대개 의미는 알지만 세세한 곳이 애매해서요.
니시하라 : 왜 그럴까?
김 : 사실은, 애인은 아니지만, 무심결에 홍군 생각이 납니다. 지금 뭘 하고 있을까라든지, 군대는 힘들지 않을까라든지.
니시하라 : 아, 알겠다. 내게도 경험이 있어요. 하지만 공부를 하지 않아도 된다는 건 아니고. 음, 어렵군요.
김 : 어쩌면 좋을까요?
니시하라 : 어쨌든, 한자를 쓰거나, 소리를 내서 교과서를 읽거나 하세요. 손을 움직여서. 그러는 동안 기분도 안정될 겁니다.
김 : 네, (그렇게) 해보겠습니다. 오늘은 바쁘신데 실례했습니다.
니시하라 : 시험 점수는 너무 신경 쓰지 말도록.
김 : 네, 실례하겠습니다.

内容確認 내용확인

1. 金さんが西原先生の研究室を尋ねた理由は何ですか。
2. 金さんはどうして最近、集中できないのですか。
3. 西原先生はどんなアドバイスをしてくれましたか。

解説 해설

1 「勉強しなくて、すみません」

사죄하거나, 감사할 때에 「～て」의 형으로 나타낼 수 있다.

예 遅くなって、すみません。

珍しい物をいただいて、ありがとうございます。

2 「～ようだ」

ⓐ 비유, 예시를 나타내는 용법

예 彼のような人が好きです。

今は春と夏が一緒に来たようだ。

ⓑ 추측을 나타내는 용법. 주관적인 판단이나, 직감에 의한 추측을 잘 나타내므로, 좀더 객관적인 상황판단에 의한 「～らしい」보다 널리 쓰인다.

예 どこかで聞いたような気がします。

なんとなく寒くなってきたようです。

❸ 「思い出されるんです」

일본어 동사의 어간에 「-れる、-られる」를 접속시키면, (a) 수동표현 (b) 상하1단동사의 가능표현 (c) 존경표현 (d) 자발(자연히 일어나는 생각)표현의 용법이 된다. 「思い出される(저절로 생각난다)」는 자발표현의 예인데, 심리적인 움직임을 나타내는 일정한 동사(思う, 感じる, 案じる, 思い出す 등)에만 쓰인다.

예 旅に出ている子供のことが案じられます。

❹ 「V-たり、V-たりする」

여러 가지 동작을 하는 경우에 몇 가지 예를 들어서 말하는 표현이다.

예 本を読んだり、辞書を引いたりします。

❺ 「お忙しいところをすみませんでした」

사죄나 감사의 말 앞에 「ところ」가 오면 「を」로 연결하여 「바쁘신 데 미안합니다」를 나타낸다. 회화에서 「を」는 자주 생략되어 「お忙しいところ、すみませんでした」라고 말하기도 한다.

練習(れんしゅう) 연습

1 (1) 비유를 나타내는 말을 밑줄 부분에 쓰세요.

> ここは景色(けしき)がとてもよくて本当(ほんとう)に絵(え)のようです。

① ジョンさんの運動靴(うんどうぐつ)は大(おお)きすぎて__________

② 花子(はなこ)さんはあまりにもきれいで__________

③ 彼氏(かれし) / 彼女(かのじょ)はとてもやさしくて__________

④ 先生(せんせい)はすごくきびしくて__________

⑤ 赤(あか)ちゃんはとてもかわいくて__________

⑥ 田中(たなか)さんはすごく面白(おもしろ)くて__________

(2) 위의 ①～⑥을 참고로 다음과 같이 대화를 나눠봅시다.

> A：ここ、景色(けしき)がとてもいいでしょう?
> B：ええ、本当(ほんとう)に絵(え)のようですね。

2 (1) 다음과 같은 경우 일본어로 어떻게 말하겠습니까?

a. 상대방에게 뭔가 걱정거리가 있냐고 물어볼 때
b. 웃어른께 바쁘신데 죄송하지만 잘 부탁드린다고 말할 때
c. 지난 번 일은 너무 신경 쓰지 말라고 할 때

(2) 다음을 일본어로 말해 봅시다.

a. 공부 방법에 관해서 상담하고 싶습니다만,

b. 대개 의미는 알지만 세세한 곳이 애매해요.

c. 그러는 사이에 마음도 안정될 거예요.

ロールプレイ 역할연습

A: 당신은 학생B의 선배입니다.
후배가 상담을 하러 왔습니다.
후배의 고민을 들어주고 적절한 어드바이스를 해 주십시오.

B: 당신은 1학기 때 재미있었던 일본어 공부가 요즘은 통 재미를 느끼지 못하고 너무나도 하기 싫어졌습니다.
이유가 무엇인지 본인으로서는 잘 모르겠습니다.
같은 과 선배인 학생A에게 어떻게 하면 좋을지 상담을 합니다.

役に立つぷち情報

コーヒー？ 鼻血？

日本語の母音が５つあるのに比べ、韓国語の母音は基本母音だけでも１０個もあります。そのため、韓国語を学ぶ日本人は韓国語の発音が難しいと言っています。たとえば、[어]の発音が日本語にはないため、「오」との区別がつかないのです。「커피 주세요(コーヒーください)」が「코피 주세요(鼻血ください)」になったりします。

逆に韓国人が日本語を学ぶ時に難しい発音は「つ」と「ざ行」の発音です。たとえば、「つ」は「ちゅ」になりやすいですが、「ちゅ」は幼児ことばですので気をつけましょう。

第二十四課

福岡大の学生との交流会(1)

場所：教授研究棟

前提：福岡大学の先生と学生が研修に来たので。

山田：ところで、朴さん何年生ですか。

朴：一年生です。

山田：じゃあ、去年まで高校生だったんですね。

朴：はい、蔚山女子高等学校の出身です。

山田：ああ、女子校ですか。僕は男子校出身なんだけど、女子校ってどうですか。

朴：若くてハンサムな先生がとても人気があって、その先生にプレゼントをたくさんしたりして、楽しいです。

山田：へえ、そうですか。僕が通った男子校には、女の先生はいなかったので、男ばかりでむさくるしかったですね。規則とかは厳しくなかったですか。日本では女子校の規則はとっても厳しいらしいですけど。

朴：もちろん私の通った高校でも厳しかったです。例えば、髪の毛も短くしなければいけなくて、もし規則より長ければ先生に切られたんです。

山田：先生が髪を切るんですか。厳しいですね。他には。

朴：昔は男女交際もしてはいけなくて、もし見つかれば先生に叩かれたり、両親が学校に呼ばれたりしたそうです。ひどい場合は退学させられたりもしたそうです。でも今はそれほどでもありませんが。

후쿠오카대학 학생과의 교류회(1)
장소 : 교수 연구동
전제 : 후쿠오카대학 교수와 학생이 연수하러 왔기 때문에.

야마다 : 그런데, 박 양은 몇 학년입니까?
박 : 일 학년입니다.
야마다 : 그럼, 작년까지 고교생이었군요.
박 : 예, 울산여자고등학교 출신입니다.
야마다 : 아, 여학교입니까? 나는 남자학교 출신입니다만, 여학교라는 곳 어떻습니까?
박 : 젊고 잘 생긴 선생님이 매우 인기가 있어서, 그 선생님에게 선물을 듬뿍 하기도 하고, 재미있습니다.
야마다 : 그렇습니까? 제가 다니던 남자학교에는 여자 선생님이 없었기 때문에, 남자뿐이어서 매우 지저분했습니다. 규칙이라든가는 엄하지 않았습니까? 일본에서는 여고의 규칙은 매우 엄한 듯합니다만.
박 : 물론 제가 다닌 고교에서도 엄했습니다. 예를 들면 머리카락도 짧게 하지 않으면 안 돼서, 만약 규칙보다 길게 하면 선생님에게 잘립니다.
야마다 : 선생님이 머리를 자르는 겁니까? 엄하군요. 그 외에는?
박 : 옛날에는 남녀교제도 해서는 안 되고, 만약 발각되면 선생님에게 혼나거나, 양친이 학교에 불려오거나 했답니다. 심한 경우는 퇴학당하기도 했답니다. 그래도 요즘은 그 정도는 아닙니다만.

内容確認
내용확인

1. 朴さんが出た高校はどこですか。
2. 女子校はどんなところが楽しいですか。
3. 朴さんが通っていた女子校の規則はどうでしたか。

   3-1. 髪の毛が規則より長いとどうされますか。

   3-2. 男女交際が見つかればどうされますか。

解説
해설

1 「～らしい」

말하는 사람이 객관적인 근거를 가지고 판단하는 추정인 점에서, 충분한 근거 없이 추정하는 「ようだ」와 차이가 있다.

예 彼の話を聞くと、かなり大変らしい。

2 「V-れる」「V-られる」

5단동사의 어간에 「-れる」를, 상하1단동사의 어간에 「-られる」를 접속시켜서 수동형을 만든다. 또, 「する」는 「される」, 「くる」는 「こられる」로 된다. 일본어에서는 수동형이 많이 쓰이며, 다음과 같이 크게 4가지로 구분된다. 또, 수동형의 대상어에는 조사 「に」를 붙이는 것이 보통이나, 「から」를 붙일 때도 있다.

① 직접수동; 영어의 수동태와 비슷.

X	が	Y	に	-れる/られる (타동사의 수동형)
	は		から	
			によって	

예 母は弟を叱りました。　先生は金さんを呼びました。

弟は母に叱られました。　金さんは先生に呼ばれました。

② 간접수동; 주로 피해를 받았을 때

X　が/は　Yに　-れる/られる (자동사의 수동형)

예 雨に降られました。電車の中で子供に泣かれました。

③ 소유자수동; 신체의 일부나 소유물이 피해를 받았을 때

Xは　Yに　Zを　-れる/られる

예 犬が田中さんの手をかみました。

田中さんは犬に手をかまれました。

隣の人が(私の)足を踏みました

(私は)隣の人に足を踏まれました。

④ 비정(非情)수동; 무생물을 주어로 하는 직접수동문

예 京都タワーは30年前に建てられました。

ソウルオリンピックは1988年に開かれました。

3 「V-せる」「V-させる」

5단동사 어간에 「-せる」를, 상하1단동사 어간에 「-させる」를 붙여 사역표현을 만든다. 또, 「する」는 「させる」, 「くる」는 「こさせる」로 만든다.

예 妹に本を読ませます。

学生たちにユニホームを着させました。

部屋の掃除をさせています。

全員を朝早く来させます。

4 「V-せられる」「V-させられる」

일본어의 독특한 표현 가운데, 「어쩔 수 없이 ~했다」는 뜻을 내포하는 사역수동이 있다. 자신의 의지와는 상관없이 강제로 이루어지는 행위나 동작을 나타내는 이 표현에 자연스럽게 익숙해지도록 연습해야 한다.

예 みんなの前で歌わせられる時が一番いやです。

口に合わない物を食べさせられました。

授業中、おしゃべりをして退場させられました。

練習 연습

1 (1) 자식에게 어떤 것을 시키고 싶습니까? 친구와 말해 봅시다.

보기

A：子供に何を習わせたいですか。

B：そうですね。ピアノを習わせたいです。Cさんは？

C：私は英語を習わせたいです。

워크시트

	わたし	さん	さん
習わせたいこと			
手伝わせたいこと			
読ませたい本			
就かせたい仕事			
経験させたいこと			
一番子供にさせたいこと			

(2) 다음은 다나카씨가 여자친구와 같이 레스토랑에 갔을 때의 일을 적은 글입니다. 밑줄 부분에 수동(れる/られる), 사역(せる/させる), 사역수동(せられる/させられる) 중 알맞은 동사 형태를 적으세요.

シーン1 この前、恋人のミキとレストランへ食事をしに行きました。知り合いの人がその店で働いていて、どうぞ来てくださいと(言う)＿＿＿＿＿＿＿＿＿＿＿＿＿＿＿＿。

シーン2 店に入って、テーブルに座って、メニューをもらいました。でも、店が混んでいて、ウェートレスはなかなか注文を聞きに来てくれませんでした。私たちは２０分くらい(待つ)＿＿＿＿＿＿＿＿＿＿＿＿＿＿＿＿。

シーン3 やっと注文した料理が(運ぶ)＿＿＿＿＿＿＿＿。私達は話をしながら美味しく食べました。

シーン4 全部食べ終わって、レジでお金を払うとき、恋人に「今日は僕に、(払う)＿＿＿＿＿＿＿＿＿＿。」と言いました。

シーン6 私(わたし)が払(はら)おうとしましたが、財布(さいふ)の中(なか)にお金(かね)が少(すこ)ししかありませんでした。恥(は)ずかしかったのですが、恋人(こいびと)に(払(はら)う)＿＿＿＿。私(わたし)は本当(ほんとう)にひどい気持(きも)ちに(する)＿＿＿＿＿＿＿＿＿＿。

2 (1) 다음과 같은 경우 일본어로 어떻게 말하겠습니까?

a. 갑자기 화제를 바꾸어 배고프지 않냐고 물어볼 때
b. 일본의 대학은 어떠한지 물어볼 때
c. 고등학교와 대학의 다른 점을 예를 들어 설명할 때

(2) 다음을 일본어로 말해 봅시다.

a. 젊고 잘생긴 선생님이 인기가 많아요.
b. 일본에서는 여자고등학교의 규칙은 아주 엄격한 듯해요.
c. 만약 발각되면 선생님께 혼나거나, 부모님이 학교에 불려오거나 해요.

ロールプレイ 역할연습

A: 당신은 일본인 대학생입니다.
당신의 집은 아주 엄격해서 밤 10시까지 들어가야 합니다.
또, 밤 늦게까지 텔레비전을 볼 수도 없습니다.
술을 마시거나 담배를 피워도 안됩니다.
만약 이 규칙을 어기면 아버지한테 심하게 혼납니다.
반성문을 쓰거나 핸드폰을 빼앗기기도 합니다.
당신은 이 규칙이 너무너무 싫습니다.

B: 당신은 울산대학교 일본어일본학과의 학생입니다.
당신의 집에는 어떤 규칙이 있습니까?
아래에 쓰고 학생A와 같이 이야기를 해봅시다.
우리집 규칙:＿＿＿＿＿＿＿＿＿＿＿＿＿＿＿＿＿＿＿＿

第二十五課

福岡大の学生との交流会(2)

場所：前課と同じ

前提：福岡大学の岡野先生と金さん、李君が話をしている。

金：はじめまして。一年生の金と申します。

岡野：福大の岡野です。一年生なのにお上手ですね。

金：いえ、まだまだです。先生、何か召し上がりますか。

岡野：ええ、せっかく韓国に来たんだからキムチを食べようと思ってるんですが、種類が多くてどれから食べようか迷ってるんですよ。

金：この大根キムチがおいしいと思います。白菜キムチはちょっと辛いかも知れません。

岡野：そうですか。じゃあ、大根キムチから少し。ああ、おいしい。

李：先生、韓国にいらっしゃったのは初めてですか。

岡野：いいえ、もう三回目です。五年前に三日間、去年五日間旅行しましたが、来るたびに韓国が大きく変わるので驚いているんです。

李：今の韓国をご覧になっていかがですか。

岡野：去年(きょねん)も蔚山(ウルサン)に来(き)ましたが、特(とく)に大学周辺(だいがくしゅうへん)は新(あたら)しい建物(たてもの)ばかりで、なかなかにぎやかじゃないですか。

李：そうですね。変(か)わらないのは焼酎(しょうちゅう)とキムチの味(あじ)ぐらいですね。

岡野：ところで、お手洗(てあら)いはどこですか。

金：部屋(へや)を出(で)られてすぐ右手(みぎて)にございます。

岡野：どうもありがとう。金さんも李君(くん)も福岡(ふくおか)に来(き)たら、ぜひ私(わたし)の研究室(けんきゅうしつ)に遊(あそ)びに来(き)て下(くだ)さい。いつでも歓迎(かんげい)します。

金·李：どうもありがとうございます。ぜひ伺(うかが)わせていただきます。

후쿠오카대 학생과의 교류회(2)
장소 : 제24과와 동일
전제 : 후쿠오카대 오카노 교수와 김양, 이군이 이야기를 하고 있다.

김 : 처음 뵙겠습니다. 1학년 김 미진이라고 합니다.
오카노 : 후쿠오카대 오카노입니다. 1학년인데 잘하시군요.
김 : 아니요, 아직 멀었어요. 교수님, 뭔가 드시겠습니까?
오카노 : 예, 모처럼 한국에 왔기 때문에 김치를 먹으려고 하지만 종류가 많아서 어느 것부터 먹을까 망설이고 있습니다.
김 : 이 무 김치가 맛있다고 생각합니다. 배추 김치는 조금 매울지도 모릅니다.
오카노 : 그래요? 그럼, 무 김치부터 조금. 아, 맛있다.
이 : 교수님, 한국에 오신 것은 처음입니까?
오카노 : 아니요, 벌써 세 번째예요. 5년 전에 사흘간, 작년에 5일간 여행했는데, 올 적마다 한국이 많이 변해서 놀랐습니다.
이 : 지금의 한국을 보시니 어떻습니까?
오카노 : 작년에도 울산에 왔습니다만, 특히 대학 주변은 새 건물뿐이고 상당히 활기차지 않습니까?
이 : 그렇습니다. 변하지 않는 것은 소주와 김치 맛 정도입니다.
오카노 : 그런데, 화장실은 어딥니까?
김 : 방을 나가셔서 바로 오른쪽에 있습니다.
오카노 : 고마워요. 김양 이군 모두 후쿠오카에 오면 꼭 내 연구실에 놀러 오세요. 언제라도 환영합니다.
김 · 이 : 매우 고맙습니다. 꼭 찾아뵙겠습니다.

内容確認(ないようかくにん)
내용확인

1. 金さんは岡野先生(おかのせんせい)にどんなキムチをお勧(すす)めしましたか。

   1-1. それはなぜですか。

2. 岡野先生(おかのせんせい)は以前(いぜん)、韓国(かんこく)にいらしたことがありますか。

3. 岡野先生(おかのせんせい)は去年(きょねん)と比(くら)べて蔚山(ウルサン)がどう変(か)わったと言(い)っていますか。

4. お手洗(てあら)いはどちらにありますか。

解説(かいせつ)
해설

1. 「召(め)し上(あ)がりますか」

일본어의 경어는 크게 나누어 화제의 대상이 되는 인물을 높이는 존경표현과, 말하는 사람 자신을 낮추는 겸양표현이 있다. 이를 다음과 같이 정리할 수 있다.

존경표현

おVになる：先生が字をお書きになります。

もうお帰りになりました。

おVだ(です)：お子さんは何人おありですか。

今どこをお読みですか。

お(ご)Nなさる：お食事なさいましたか。

クラブの方々もご協力なさいます。

V-れる、られる：韓国にはいつ戻られる予定ですか。

先生は新しい論文を発表されるそうです。

毎朝何時に起きられますか。

특수경어：いる-いらっしゃる

行く-いらっしゃる、お出でになる

来る-いらっしゃる、お出でになる、見える

する-なさる

言う-おっしゃる

見る-ご覧になる

食べる-召し上る、あがる

くれる-くださる

知る-ご存じだ

寝る-お休みになる

겸양표현

おVする：かばんは私がお持ちします。
後でお知らせしましょうか。
특수겸양어：いる-おる
行く-参る
来る-参る
する-致す
言う-申し上げる
会う-お目にかかる
見る-拝見する
やる-あげる、さしあげる
もらう-いただく
知る-存じあげる
食べる-いただく
聞く-伺う、承る
思う、考える-存じる

2 「V-う、よう」

동사 미연형에「う」「よう」를 접속시켜 ⓐ 말하는 사람의 의지 ⓑ 상대방에 대한 권유 ⓒ 추정의 뜻을 나타낼 수 있다.

예 ⓐ 外へ出掛けようとしたら、雨が降りはじめた。

ⓐ 明日、また来ようと思います。

ⓑ この辺でちょっと休もう。

ⓑ まじめに勉強しようじゃないか。

ⓒ 下手に反対すると、もっと激しくなろう。

3 「たびに」

우리말의 「～때마다, ～할 때에는 언제나」에 해당하는 말이다.

예 会(あ)うたびにますます好(す)きになります。

練習(れんしゅう) 연습

1 다음의 일본 동요를 동작을 하며 불러 봅시다.

歌(うた)	幸(しあわ)せなら 手(て)をたたこう! ♪ 幸(しあわ)せなら 手(て)をたたこう! ♪ ♫ 幸(しあわ)せなら 態度(たいど)で示(しめ)そうよ～ ほら、みんなで手(て)をたたこう!

☞ 아래의 동작으로 바꿔 가며 불러 봅시다.

幸(しあわ)せなら 足鳴(あしな)らそう! → 발을 굴리며 ドンドン!

幸(しあわ)せなら 握手(あくしゅ)しよう! → 옆 사람과 악수를 하며 こんにちは～

幸(しあわ)せなら 腕組(うでく)もう～ → 옆 사람과 팔짱을 끼며 行(い)きましょう!

幸(しあわ)せなら 肩(かた)たたこう! → 옆 사람의 어깨를 두드리며 トントン!

☞ 아래의 밑줄 부분에 동작을 써 넣어보고 노래를 부르며 지시해 봅시다.

元気(げんき)なら＿＿＿＿＿＿＿＿＿＿。

男(おとこ)の人(ひと)なら＿＿＿＿＿＿＿＿＿＿。

女(おんな)の人(ひと)なら＿＿＿＿＿＿＿＿＿＿。

ハンサムなら＿＿＿＿＿＿＿＿＿＿。

きれいなら＿＿＿＿＿＿＿＿＿＿。

かわいいなら＿＿＿＿＿＿＿＿＿＿。

2 (1) 다음과 같은 경우 일본어로 어떻게 말하겠습니까?

a. 웃어른께 한국에 오신 건 처음인지 여쭈어 볼 때

b. 웃어른께 화장실은 방을 나가서 바로 왼쪽에 있다고 말씀 드릴 때

c. 웃어른께 다음에 꼭 찾아뵙겠다고 말씀 드릴 때.

(2) 다음을 일본어로 말해 봅시다.

a. 아직 1학년인데 일본어를 잘하시네요.

b. 초밥은 종류가 많아서 어느 것부터 먹을지 망설이고 있어요.

c. 한국은 올 때마다 많이 변해서 놀랐어요.

ロールプレイ 역할연습

A: 당신은 후쿠오카대학의 오카노 교수님입니다.
지금 김해공항에 도착했습니다.
울산대학교 일본어일본학과의 학생 대표가 마중을 나온다고 들었습니다.
학생에게 나와 줘서 고맙다고 인사하십시오.
비행기가 연착되어 미안하다고 말하십시오.
6시에 있는 환영회를 7시로 변경할 수 있는지 물어보십시오.

B: 당신은 울산대학교 일본어일본학과의 대표로 오카노 교수님을 마중 나왔습니다.
김해공항에 도착하니 비행기가 연착되어서 40분 늦게 교수님께서 나오셨습니다.
교수님을 만나면 당신이 짐을 들어 드리십시오.

각과의 단어 찾아보기